JN439746

숙명, 그 바다를 사랑한 죄

유기환 시집

국립중앙도서관 출판예정도서목록(CIP)

숙명, 그 바다를 사랑한 죄 : 유기환 시집 / 지은이: 유기환
. -- 부산 : 푸름사, 2018
p. ; cm

ISBN 978-89-94839-23-3 03810 : ₩12000

한국 현대시[韓國現代詩]

811.7-KDC6
895.715-DDC23 CIP2018035595

숙명, 그 바다를 사랑한 죄

·

2018

숙명, 그 바다를 사랑한 죄

유기환 시집

도서출판 푸름사

■ 自序

젊은 시절 패기 있게 도전한 바다는 지금도 가끔 꿈속에서 환영처럼 온다. 삶과 죽음의 경계 안에서의 처절한 사투와 무한한 인내로 극복한 시련과 고통은 지금도 내게 인생을 다시 한번 생각해 보는 계기가 되기도 하고 자연과 함께 하는 여유로움과 넉넉함도 함께 지니는 삶의 의미적 요소가 되고 있다.

선장으로서의 무한한 책임감과 사명감으로 극복한 바다에서의 15년은 일순간의 실기가 생生과 사死를 좌우한 순간이었다. 하지만 촌각의 시간에도 가족과 고향, 그리고 조국을 생각하며 그 무수한 고통과 시련의 난관을 극복한 것 같다.

우리 인간은 언제나 더불어 함께하는 공존과 동행이 행복의 근원임을 실감하는 순간이기도 했다.

오늘 영도에서 바라보는 바다는 참으로 유려하고 고요하다. 바다는 천千의 얼굴로 우리에게 행복과 재앙을 동시에 주지만 바다를 잘 다스리는 사람들에게는 천혜의 보고寶庫임에는 틀림없어 보인다. 바다의 시로 한국해양문학상을 수상하고 근작시 15편을 더하여 이 시집을 상재한다. 무한한 격려를 바란다.

2018년 11월

저자 유기환

차례

제1부 **숙명, 그 바다를 사랑한 죄**

제2부 **적도 부근**

제3부 황사, 함박눈으로 오다

제4부 **되로 없는 바다**

第5부 이 시대의 황사바람

제 1 부

숙명, 그 바다를 사랑한 죄

언제 어느 때 어떤 선원들이
이 한바다의 미치광이 파도와 폭풍우와 싸웠을까
마지막 배를 포기하며 퇴선 명령을 내릴 때
피를 토하던 선장의 목청이 지금도 바다에 떠다니듯
뱅뱅 도는 바다의 눈眼이 되어
시뻘건 핏빛 노을을 물고 있다

숙명, 그 바다를 사랑한 죄

바다의 협곡을 지나면서 이미 폐선이 된 난파선을 본다
우선 모골이 송연해져 기도부터 한다
언제 어느 때 어떤 선원들이
이 한바다의 미치광이 파도와 폭풍우와 싸웠을까
마지막 배를 포기하며 퇴선 명령을 내릴 때
피를 토하던 선장의 목청이 지금도 바다에 떠다니듯
뱅뱅 도는 바다의 눈眼이 되어
시뻘건 핏빛 노을을 물고 있다
잠시 오가사와라제도*를 지나며
오직 만선을 위해 목숨을 담보한 채
피의 사냥으로 태풍과 싸웠을
그들의 비참하고 처절하던 최후의 일순간에 목이 잠기며
이미 수장된 고혼들의 명복을 빌며 머리 숙여 기도한다

오, 그렇지 언제인가 낯선 항구를 지날 때
어느 해안에서 뱃길을 전송하며
불의 키스를 나누며 온몸을 뜨겁게 달구던
어느 혼혈 남녀가
이 시각 방정맞게 생각나는 것은
우연의 일치일까

원심력과 구심력이 일치하는
바다 안에서 이미 유령처럼 깃들고 있는
나를 보며 몸서리를 친다

* 오가사와라 제도 : 일본 열도와 남방 열도 사이에 있는 제도

태풍 전야

시커먼 구름무리 한 짐 머리에 이고 사지死地를 달려가는 명령처럼
끝없는 바다가 달려가는 이곳은 어디쯤일까
일관되게 소용돌이치며 통과하는 파도무리의 야수 같은 입
아직도 공복 타령인가 무엇이든 물어 씹어야 속이 풀릴
저- 눈길 먼 불연속선의 난기류
가로 세로 거품을 물고 파도는 세찬 바람과 원수처럼 난도질이다
도대체 짐작 못할 요량으로 전신을 할퀴는
저 포만 같은 앙심은 어디서 오는가
캡틴, 캡틴, 초사*의 다급한 쉰 목소리에
잠시 나침판을 들여다본다
동경과 서경의 일치하는 죽음의 서늘한 미로다
어군도의 이날쯤은 제법 파도가 얌전할 텐데
점점 모골이 송연한 강풍에 브릿지가 흔들리고
트롤선은 이미 피칭* 상태다
이별 같은 통보를 던져두고 떠난 수부 맹 씨의
어두운 두 눈이 시커먼 파도와 함께 굴절되어 떠돈다
뱃놈 40년에 돈 떼이고 사기 당하고 마누라 새서방과 눈맞아 내빼고
자슥들 고아 되어 뿔뿔이 흩어지고…
가늠 없는 이 세상 모두에게 칼을 꽂아야만 한다며
언제나 외톨이로 끄응 끄응 우울증으로 신음하던 맹 씨
오오, 무서워라
어느 날 모두가 잠든 야심한 밤에 바다에 투신한 그 맹 씨가
한바다의 물결을 헤치며 성큼성큼 걸어온다

* 초사 : 1등 항해사　* 피칭 : 앞에서 저돌적으로 오는 파도

외로움과 동침

불 꺼진 정박선 위로
이 시각 이 바다에서 이룩되는 천千의 얼굴과
알맞게 수다를 떨며 헤어진 바람 한 점 어디서 머물까
파랑의 물무늬들은 오늘의 자유를 반추하며
나의 소심한 기억속의 감성을 자극하는데
펜다*의 유별난 마찰음이 거슬려
저 멀리 짙은 구름 속 이응고 눈물은 고백처럼 여물고
달빛 그늘 곁눈질하며 고국의 향수를 달래보는데

순간마다 안과 밖을 쉼없이 출렁이는 파도로
자꾸만 마음은 적요로 야심한 밤
암울한 생각도 고통도 결빙된 언어를 채집하듯
눈 감으면 천정에 매달린 각시인형이
먼저 찾아가는 고향집
캄캄한 정박선의 파도는 이리도 요요히 칭얼대는데
오늘 같은 마음 비좁은 날은
차라리 억울한 무섬증이 좋아라

오오 너무나 보고 싶은 내 각시
그리고 눈물로 오는 귀여운 내 새끼들
충혈된 낯선 이 바다의
아빠의 눈물을 보고 있을까

* 펜다 : 폐타이어로 제작된 완충제

태풍A

언제쯤 그칠 것인가
산보다 높은 파도더미로 배를 계속 때리는 저 귀신같은 울음은
벌써 이틀째 배를 난도질이다 가슴 졸이며 서로 엉겨 붙은 선원들은
부딪히며 뒹굴며 피 터진 전신으로 정위치를 사수하느라
서로들의 이름을 부르며 통제 불능의 난장판이다

우지직 넘어지는 조타실의 굉음에 뼈골이 오싹한 순간
처음 승선한 나이지리아 선원은
세찬 바람에 날려 상갑판에 나뒹굴어진다.
긴 멀미로 밤새 토악질을 해대는 바다의 내장이
지구의 마지막처럼 뒤틀리는 순간
혼절한 선원들을 내부로 옮기는 선원들의 비명 같은 절규와 오열이
가슴을 찢는 순간에도 폭풍우는 온 배를 삼킬 듯 아비규환인데
바다를 물어뜯는 잔혹한 파도들의 팽팽한
지구의 원주율은 순식간에 무너뜨리며 독기를 세운다

오오, 신神만을 부르며 기도하며 만신창이가 된 선원들이
귀신의 몰골로 한밤을 전쟁터처럼 지새운다
어디가 시작이고 어디가 끝인가
그리고 순식간에 먹구름이 물러가고 아무것도 모른다는 듯
희뿌옇하게 뜨는 해
아직도 살아 숨쉬는 내가 너무 대견해
이 하루 송장을 만지듯 나를 슬그머니 만져본다

해협을 통과하다

아득한 먼 지평선의 해도海圖를 따라
나란히로 가는 범선들이 마치 유유히 노닐며
물 타기를 즐기는 오월 하순쯤
육대주에서 모인 구릿빛 얼굴, 깜둥이, 노랑머리, 털북숭이의
건장한 뱃놈들이 저 먼 바다에서 지나며
손 흔들며 삿대질로 알은체를 하며 지나는구나
우선 반갑다, 신세와 처지와 현재가 비슷한 우리들
암, 여기는 뱃놈들의 천국이지
손짓 발짓으로 혹은 들리지 않는 휘파람소리로
무운장구를 빌며 서로들 안녕을 빌며 멀어져간다

잘 가라, 그리고 건강하게 만선으로 너희들 조국 땅 밟아
마누라와 자식들에게 뜨겁게 뜨겁게 사랑받거라
잠시 말없이 숙연해지는 순간이 지나고
이별하면 또 다른 배들이 지척에서
어깨동무로 오고 또 멀어지고
가도 가도 끝이 보이지 않는 이 넓은 망망대해에서
나의 존재는 전생에 무엇이었을까
그리고 내가 위치한 이곳을 신神은 알기나 할까
그리고 오후 한때 상갑판에 홀라당 몸을 까놓고 치부만 가린 채
알아듣지도 못할 노래와 춤을 핏대를 세우며
허이연 이빨을 드러내는 깜둥이 배들이
오후 3시 십분의 눈眼으로 남태평의 해협을 통과하다

항구의 밤

그 항구의 카페 G나이트클럽에는 동그마한
달빛 푸른 무대를 벗삼아
푸른 눈자위의 이국녀가
오늘도 감미로운 선율에 따라 새벽을 노래하고 있을까

서늘하고 고혹적인 눈매로 눈부신 하체를 만지며
오감을 자극하는 가을 저문 창가에 기대
마도로스파이프와 긴장을 녹이며
지상의 마지막 날처럼 에로틱한 절정의 관능미로
한 겹씩 벗는 옷 사이로 음부를 드러내는 순간

이국의 방파제를 때리는 파도들의 하모니로
좀은 낯설은 방향으로 놓인 라일락 화분에
잊은 추억을 가끔씩 나누던 내 긴장이 진정할 수 없는 순간
또다시 항구의 파도는
저으기 낮은 소리로 창가에 서성이고
옆자리의 또 다른 무희가 털북숭이의 이국 사내의
사타구니에 앉아 하룻밤의 사랑 흥정으로 열락을 더하고 있는 시각
잘 있거라 나팔 부는 또 다른 새벽의 뱃고동 따라
50도의 보드카를 물고 그린란드의 얼음굴을 얘기하는
구레나룻의 로스께 사내와 그녀는
지금쯤 어디서 오대양을 횡단하는 뱃놈들의 이야기로
야무지게 이 밤을 지새우고 있을까

바다에의 도전

바다는 바다에서 온전히 자란다
서로 어울려서 똑같이 키높이와 면적을 같이하려
시도때도 없이 변하는 무자비한 자연과 교감하며
용케도 신神의 주술로
온 바다에 공평하게 나누어주는 알맞은 육지의 높이와
삶의 터전을 간직할 수 있는 여유를 더한
바다의 생산을 곳간으로 한결같이 나눔으로
인간의 생명을 유지시켜 주는 바다

산천경계를 오롯이 세우며 지난날의 세월도
그 바다에서 문득 당신의 푸른 심장을 증언했을 때
날마다 새로이 탄생하던 파도들의 얼굴을 감청하며
기억의 푸른 새로 날아 온 지구의 햇볕 드는 삶을 명령한
하늘의 뜻을 그대 새겨 듣는가
마침내 바다의 이마가 수평선에 잠기는 저 고요는
또 다른 내일의 끝없는 도전으로
인류의 또 다른 기망冀望으로 발아되리라

투망과 양망으로 종일 굽은 어깨에
소금꽃이 피는 선원들이 어울려 진양조 한 가락으로
향수를 달래는 모리타니아 어장에서
배는 종일 바다를 끌고 만선의 꿈으로
끝없는 자맥질이다

항해일기

레이다에 점 하나 찍히지 않는 원양 한가운데의 망망대해
바짝 마른 바다 위 선장은 날품팔이 신세다
오늘은 어느 어장에서 하루를 배 채우며
선원들의 귀가 찢어지는 만선의 소리들과 웃음을 볼 것인가
텅빈 어장에는 굶주린 냉기가 억울한 울음 울듯
선장을 원망하듯 내외하는데
어군을 따라 실타래 뽑듯 갈퀴를 세워 혈안이 된
나의 유체이탈은 노동의 파도 위에 걸터앉아
가쁜 하얀 숨만 몰아쉴 뿐이다

미친 맹수가 굶주린 먹이를 쫓듯 전속으로
눈알을 부라리며 달려보아도 허탕이다
지금 나는 지구 어디쯤서 내 정신과 교류하고 있는가
순식간에 한점 해 떨어지는 태평양의 배고픔이여
해가 두 번 바뀐 이역만리에서 고정된 눈물을 쏟는다
만선의 전언은 끝없는 메아리로 오는데
바다 한가운데서 두둥실 떠 있는 이 무아는 또 무엇인가
목욕재계하고 해도실에서 살기 돋는 두 눈알로
어장도에 컴퍼스로 금 긋는
아직도 해독하지 못하는 내일의 일기는
이 밤 또다시 나의 불면으로 올 것인가

출항

눈썹머리에 미리 앉은 수평선이 멀리 보이고
섬은 섬끼리 갯바위에 올라 일찍부터
바다와 수상한 교신을 하고 있었다
가을을 입에 문 새들과 나무들 윤기 도는 잎맥에도
멀리 가뭇하게 보이는 항구의 빌딩숲에서도
어장도를 그려놓고 풍어제로 만선의 꿈을 기약하며
내일의 달디단 희망으로 교차하는 시간
구름이 먼저 업고 가는 노을이 질 때까지
어항은 바다의 입구에서
시력이 따라가지 못하는 곳까지 우릴 전송하고 있다

파도의 회초리에 직언을 남겨둔 딴딴한 갑판장 고 씨도
선원 모두들도 "노다지, 노다지"를 연신 부르짖으며
바다를 한꺼번에 움켜쥔 손에 불끈불끈 솟는 힘줄로
한마음 한뜻으로 엉겨있는 이 시각
작은 소리 하나에도 놀랠라 부정 탈라 용왕을 성내시게 할라
주의 깊게 살피는 서로들의 동공 안에 어리우는 만선의 꿈
오오, 드디어 출항이다
선체에 매단 무수한 만국기가 펄럭이는구나
배들의 얼개들 일제히 정正한 위치에서
핏대를 세우며 우렁차게 부르짖고 있는 만선의 꿈이여

폭풍 이후 · 1

온밤을 쇠사슬의 포승줄로 전신을 압박하며
해골이 될 때까지 옥죄고 있던 살기 돋던 태풍은 어디로 갔나
벽에 고정된 가족사진은 똑같은 위치인데
죽음과 삶의 사투에서 이미 증발된 내 정신의 기로에서
오오, 세상아 잘 있거라 가족들의 안녕을 거듭 기도하며
조용히 스며드는 잠속의 꿈에서
저승을 얼마나 헤매이었던가
황천행을 가는 유통이 지난 링거를 맞은 걸까

지금쯤은 해저에 묻혀있는 내 이름 석 자인데
나는 또 이리도 살아서 세상을 보누나
가끔은 별이 퐁당퐁당 떨어지는 소리를 들으며
또다시 긴 잠의 행렬이다 몇 시간을 지났을까
겨우 몸을 추슬러 뱃전에 나가니

어제의 소름 돋는 광기는 어디로 가고
살이 익는 햇살 아래 구릿빛 선원들이
신나게 담배 빠는 소리 곁으로
와, 선장 캡틴하며 얼싸안고 눈물범벅이 되어 만세다
덩실덩실 춤추며 박수와 환호 곁으로
모두들 눈물어린 시선으로 고국산천을 생각하는 시각
뱃놈도 자연도 하늘도 모두 익어서
말씀이 없는 적도 부근

화재 현장

자정 무렵 갑자기 VHF가 요란하다
바로 인근 조업선에서 시커먼 불덩이가 오른다
온 하늘에 시뻘건 불꽃이 바다를 불태운다
언제부터였는지 화염에 휩싸인 배가 기우뚱하며
선체의 상갑판에서 선원들이 그 불속의 아비규환에서
사생결단의 우왕좌왕하는 모습으로 구명정을 내리는 것이 보인다
도무지 남의 일 같지 않아 심장은 터질 듯한데
선장의 퇴선 명령이 내려졌는지
먼 바다에 불빛이 가득한 가운데
목숨을 건 선원들의 탈출이 이어지고 있었다
선체의 기울기는 거친 빗각을 이루고 수장 직전인데
상갑판에서 대성통곡이라도 하듯
울부짖는 모습의 선원들이 일목요연하게 보인다
아마 부상으로 인해 탈출하지 못한 처절한 몸부림이리라
우리 같은 작은 어선에서는 어떤 도움도 줄 수 없어
더없이 안타까워 모두들 눈물을 짓이기며
발만 동동 구를 수밖에 없다
우리 선원끼리 핏발선 눈으로 얼싸안고
아수라장인 침몰 직전의 배를 보며
모두가 하나가 되어 피 토하는 안타까운 심정으로
신과 하늘님을 불러보는
쌍팔년도의 12월 어느 날
대서양의 한 귀서리 해역에서의 일이었다

성병을 맛하다

락무대의 굿거리
파도의 장단에 기우뚱 기우뚱
어장을 향하는 항로는 거칠고 횡포스러운데
온갖 집중으로 만선을 저울질하는 시각
갑판 위 햇또*의 걸음이 수상쩍다
똥싼 걸음으로 엉거주춤 벌린 다리
스물스물 대충 눈대중으로 오금이 저린 저 가랑이
"걷는 것 좀 보소" 갈 지之자의 걸음걸이 마치 똥싼 듯
중심의 방망이가 문제겠지

밀봉된 욕구가 어느 연안 항구에서
용암처럼 폭발하였을까
잠시 식량이나 물과 생필품 구입으로 멈춘 곳
이름도 성도 모르는 이국 여인과
필시 귀신 씨나락 까먹듯 한탕한 댓가였으리라
차마 보기 민망하여 외면한 그의 눈을 붙잡고
햇또의 엉덩이를 강제로 까고는
한방의 주사를 박는다
오늘도 봄바람은 온갖 몸짓으로 살갑게 다가와
여자의 살집같은 분홍빛 바다를 새겨놓고
기척 없이 떠난다

* 햇또 : 제1갑판원

바다의 불청객

농약 먹은 짐승이 되어 하루 낮과 밤을 미치광이로
세찬 비바람으로 뱃전에 사정없이 머리를 처박다가
뇌성벽력으로 간담을 서늘하게 하다가
요란한 괴성으로 오는 저 살벌한 무섬증
뱃전의 선원들은 이리저리 오체를 굴려다니다가
콩알만한 간을 들고 오물을 게워내며 벌써 초주검이다

잠시 고요의 바다를 맞이하다가
이내 격노한 내란처럼 천지를 박살내며 요동되는
저 귀신의 울음으로 포효하는 순간
배는 이미 운명에 맡긴 채 갈팡질팡인데
죽음을 다하여 포구로 피항하는 황천 항해
오늘을 살아 내일을 볼 수 있을까

보라, 레이더망을 꽉 채운 시커먼 구름떼
방금이라도 수장될 듯 사정없이 퍼붓는 비바람에
모두가 한결같이 찾는 신神은 어디에도 보이지 않는구나
종일 심한 롤링*으로 고문당한 배가
내 심장의 절벽을 무너뜨리는 날
이미 유체이탈의 나는 두 번 실신하고 깨어나
내 이름을 불러보다

*롤링 : 배가 양옆으로 심하게 흔들림

오, 노다지여

일망타진, 여기도 저기도 뱃노래로 흥청댄다
나침판에 서리는 무지개 같은 물보라
오, 노다지 노다지 꿈을 꾸었나
살을 꼬집어 본다 개구리점프를 해본다 정녕 꿈은 아니다
그물질을 올릴 때마다 만원인 고기들의 악다구니
윈치를 감아 더욱더 가슴을 압박하며 조여라
모두들 저 그물에 올라오는 돈 돈을 보아라
오오, 천지신명이시여! 감사합니다 눈물 콧물 범벅으로
온몸의 근육은 한껏 발기되어 터질 듯한데
배가 트위스트를 춘다
배의 가랑이를 끼고 휘적휘적
무지개 파도를 길어올린다 오오, 물의 꽃
햇볕의 꿈이 바다를 쓸고 간다 무엇이 무섭나
이 세상 모두를 살 수 있는 것을
저 돈이면 인물 기찬 가이나이* 수많은 아랫도리나
개발지역의 눈먼 땅을 몽땅 사도 남으리
땡겨라, 땡겨라 눈부신 양망의 하체를
벌떼처럼 올라오는 저 고기떼들 좀 보아

*가이나이 : 처녀나 계집의 일부 지방 방언

가을 바다

이렇게도 맑고 수정 같은 날
배는 마치 시위를 떠난 화살처럼 질주하고 있는데
어디에도 어군은 보이지 않고
모두들 말을 잃고 서로의 눈치만 간신히 읽고 있는데
십일월의 모양으로 바다가 물든다
문득 가랑잎들 긴 띠모양을 이루며 물결로 온다
바다의 그늘을 짊어지고 한 고뇌처럼 낯설게
나란히 나란히 물때를 따라 잘도 온다
어느 육지에서 온 가을인가
낭만으로 잠시 출렁이는 바다와
일치하지 않는 호흡과 맥박은 새벽을 잠들지 못하고
자꾸만 별리를 가지는 혼돈의 중심에 서는데
떠나지 못하는 과거로의 회상과
현재를 탈출하지 못하는 이 만선의 압박감은 어찌할까
벌써 한해의 끝자락을 알리는
어느 낯선 대륙의 가랑잎들이
긴물자리의 주인공처럼
한 전별로 내 앞에서 서성이는데
오, 내 마음의 오아시스는 언제쯤 올 것인가
푸르름에 겨워 열매 맺고 결실되는 풍요로 오는
한 유토피아처럼, 오늘은 필시 잠을 설치리라

제 2 부

적도 부근

원심력과 구심력 사이
요요한 달빛이 바다를 쓸고 간다
오오, 언뜻 보이는 이 아름다운 물의 꽃
얼마나 많은 실종 어부를 잡아먹었을까
달빛 푸른 밤바다에 비추이는 자화상에
나의 해골이 섬뜩하다

적도 부근

원심력과 구심력 사이
요요한 달빛이 바다를 쓸고 간다
오오, 언뜻 보이는 이 아름다운 물의 꽃
얼마나 많은 실종 어부를 잡아먹었을까
달빛 푸른 밤바다에 비추이는 자화상에
나의 해골이 섬뜩하다
적도 부근의 무풍지대에서
언뜻 고향의 봄을 불러 보며 저승처럼 목이 멘다

마음을 가지런히 모으고 기도를 하다
만선의 꿈을 건강과 무사를
더불어 고향의 아내와 피붙이들의 안녕을

푸르다 못해 시커먼 먹물 같은 바다에서
갑자기 용궁의 소리가 들린다 환청일까
나의 간곡한 기도가 통했을까
가슴 안이 곧 진정되고 훈훈한 마음의 여백에
샘솟는 이 청아한 지고한 맑음은

언제나 멀미처럼 따라다니던 불안과 조급증은
어느덧 소멸되고 바다와 열애하는 꿈속을 거닐다
오오, 내일은 적도제를 지내며
심기일전해야겠군

쾌청한 하루

오늘은 물목에서 푸른 바다를 해체하듯 달리는
수많은 고래떼와 일각의 시간 사이로
달리는 상어떼들을 본다
놈들은 화등같은 눈으로 어선을 향해 돌격하다가
제보다 몸짓이 큰 것을 알았는지 이내 양순해져
어선 옆구리로 나란히 떼지어 조류타기를 즐긴다
서로의 존재와 공평을 인식하는
자유와 공존은 얼마나 멋진 시간들인가
적당한 물결 알맞은 온도 그리고 이 쾌청한 날
가도가도 파랑의 초록 물감들이
오늘은 너무나 눈부셔
잠시 만선의 꿈도 잊는다
이윽고 온 바다를 삼키듯 장관의 불노을이다
그 안에서 저마다 가만가만 바다를 헤엄쳐오는
배들의 선단이 보인다
가히 조물주와 하늘이 만든 풍경화다
마음은 비워지고 순수를 겨냥한 감성에 코끝이 시큰하다
고향의 피붙이 살붙이들은 지금 무얼하고 있을까
지도에도 없는 수많은 모래섬들이
신나게 따라오는 말레이 해협 부근
무수한 섬들이 작열하는 태양 아래 비지땀을 흘리며
차렷 자세로 묵묵히 서있다

선장의 만선 예감

징조는 어느 날 약속처럼 순간으로 온다

만선이란 아들보다 딸을 낳아야 하고
술은 원 없이 마시되 술값 시비가 없어야 하고
카지노나 빙고장에서 몽땅 털어넣고
시팔 소리가 절로 나야 하고
아주 후하게 신고식*이
눈과 귀를 찢어지게 만족시켜야 하고
드디어 출항하는 날
생각지도 못한 거친 파도와 강풍에 시달려야 하고
첫 항차 또는 첫날 지독한 고생으로
만신창이 몰골이 되어야 하고
출항 때 선주나 회사직원과
그 어떤 이유로 악랄하게 다투어야 하고
이 모든 것을 상쇄하는 만선,

그렇지 이것이 만선의 징조인 것을

*신고식 : 여자와의 잠자리를 일컬음

선장의 버릇

바짝 마른 꼬또* 선미에서
몸체를 흔들며 가볍게 올라오면
미처 합격 통지서 받지 못한 취업생처럼
두근대는 가슴 필시 무거운 어깨가 한 짐이다
한껏 부피를 줄이며 가까이 오는 파도에
풀죽은 홑이불처럼 가슴앓이로 오는
미처 삼키지 못하는 한 모금의 독이 되어
잔뜩 찌푸린 미간이 버릇처럼 못난 파도를 닮으면

어장도를 이리저리 뒤적이며
해도를 보며 기하학적인 섬세한 무리들과
점 사이의 논의를 뒤적이며 맥없이 눈을 굴리다가
면도하고 목욕재계하고 새옷 갈아입고
더러는 음악 틀어 술을 벗하며 심기일전을 꿈꾸다

괜히 멀쩡한 조타실의 계기를 맞추고 뜯어고치고
이물*에 가서 온 대양에 거시기를 꺼내놓고
파도따라 멀리 가는 오줌발에 파안대소하다
괜스레 마이크를 잡고 테스팅이다
하지만 아직도 그물은
배 꺼진 헐렁한 노파 꼴이다
마스트*에서 스스로 마음의 독기를 다짐하며
산자의 이름으로 온 하늘에 외쳐보는 만선의 꿈

*꼬또 : 그물 끝자루
*이물 : 배의 선수
*마스트 : 배의 첫머리 주로 깃발을 올리는 P지점

환전상

지구 반대편 무예그란데*에 입항한다
세계적인 휴양도시 원시와 낭만이 혼재된
카니발이 일년 무휴로 인기를 만끽하는 곳
도심 한가운데 태평스레 드러누운 백사장의 멋과 풍광
아담과 이브의 낙원이듯
정염과 함께 본능과 육감이 한껏 발기하는 곳
어서 어울릴 요량으로 외환 체인지를 서둘다

무시로 닥치는 갱단이 무서운지
녀석은 우선 문을 단단히 걸어잠그고
환율을 계산 중이다
심장이 쿵쾅거릴 만큼 바쁜데 죽일 놈
남의 속도 모르고 그는 한건 한 모양으로
바닥에 달러 한 장 한 장을 거듭 확인하며
그 아래 페세타*를 줄 세운다
멍청이 배불뚝이놈
이미 암산해도 계산이 뻔하게 나오는 걸

이미 해는 지고 귀선할 시간
알아듣지 못할 조선의 온갖 욕으로 쥐어박고는
퉤 가래침으로 문을 박차고 나오다

* 무예그란데 : 스페인령 라스팔마스 중앙부두
* 페세타 : 스페인의 화폐 이름

뱃놈이 되다

우르르 쾅, 쏴악쏴악, 와장창 탕탕
총포탄처럼 몰려오는 무섬증의 비바람이
물동이로 퍼붓듯 온 배를 난도질하고 있다
일엽편주의 배는 뿌리째 사정없이
내동댕이칠 기세다
배의 온라이트를 가동하니
갑판에 준비된 어구들은 이리저리
사정없이 굴러다니는데
심한 피칭*으로 닻줄은 비명으로 계속 울어댄다
모하메드는 산타마리아*된다고
이미 반쯤 넋이 나간 핏기 가신 몰골로
한쪽 구석의 난간을 붙잡고는 사시나무 떨듯 한데
무엇을 붙잡지 않고는 비바람에 날려갈 것 같아
심장마저 얼어붙는다
배알이 끊어지듯 뒤틀려오는 창자 속에서
똥물까지 기어 올라오는데
아예 첫 항차의 선원들은 잔뜩 웅크린 채 피를 토하며
이미 초점 흐린 동공으로
사지마저 비틀리고 있는 대양의 한가운데
선장으로 할 일은 아무것도 없다
오직 하늘님과 해신海神에게 목놓아 기도할 뿐이다
고문은 날이 새고도 계속되는 대서양 모로코 부근

*피칭 : 앞에서 저돌적으로 오는 파도
*산타마리아 : 흔히 뱃사람들이 회생이 불가능하거나 죽음을 일컫는 말

갑판에서 고사를

오늘따라 모두들 말없이 날래날래 설친다
주자*는 돼지머리를 준비하고
보슨*은 해적 같은 구레나룻을 싹둑 잘라버리고
목욕재계하고 면도하고 정갈한 옷으로
심기일전한 정성으로 고사를 지낸다

오대양 육대주의 돈을 코와 귀와 입에 문
돼지는 기분 좋아 헤벌쭉한 모습인데
오늘따라 거룩하고 경건한 바다도 부동자세다
제기랄, 출항 신고식* 잘못되어
시다*만 나간다고 핏대를 세우더니
결국 고사를 지낸다

무사 항해를 만선의 꿈을
가족들의 안녕을 무운장구를 빌며
일시 정적 속에 깃드는 이 고요 속에
자꾸만 눈치껏 파도는 멀미를 하며 잘도 간다

*주자 : 조리사
*보슨 : 갑판장
*출항 신고식 : 출항 전 여자와의 하룻밤의 정사
*시다 : 그물의 밑 부분

아침의 폭풍우를 예견하다

이상도 하지 이 시각에 물흐름이 운다
언뜻 달빛에 비친 바다에 귀를 세우고 다시 들어도
분명 먼 심연에서의 비명소리다
만리 밖에서 우는 바다의 호곡소리다
한없이 맑고 더없이 푸른 바다의 조용함이 되레 심장을 뛰게 한다
어쩐지 예감이 불길해 간부들을 소집한다
'모든 선원 정위치', '안전구호대 착용', '구명정 긴급점검',
그리고 부리나케 먼 바다의 무선을 청취한다
아무런 이상 없음의 답신, 그러나 이건 분명 동물적인 육감이다
아닌 밤에 홍두깨식의 나의 일갈에 모두들 섬뜩한 표정이다
반신반의하던 간부들이 총알같이 움직인다
어디선가 분명 예고 없이 난기류의 전조가 발현되고 있을 것이다
아, 어디선가 말이지

그러나 아직 바다는 티끌 한점 없는 하늘처럼 고요하다
물보라 벼랑 끝에 억울하게 죽은 이녁의 눈물처럼 양순한 바다가
미명을 맞고 있다
오, 나의 실수인가 잘못 짚은 육감인가
제발 그랬으면 얼마나 좋으련만
예감은 적중했다, 새벽이 천천히 사라지는 순간
불연속선에 얹혀오는 바람무리가 용트림으로
온바다를 서서히 휘젓고 있다
해협도 지나지 못하고 배는 뒤뚱거렸다
나침판으로 찾지 못할 항해지도의 위치

머리가 아프고 오장육부가 뒤틀려 나를 의식하지 못하는 사이
도방*과 와치*의 고함소리가 멀리서 꿈결처럼 들린다

* 도방 : 배 경비
* 와치 : 당직

오, 항구를 만나다

머나먼 항차에서 얼마나 파김치 곤죽이 되었던가
향수에 고갈된 내 정신은 오늘 모처럼 카나리아 연안에서
뭍냄새를 맡고 또 맡는다
아직도 갈지之자의 걸음에 지면이 흔들흔들
처음 지구에 닿는 외계인도 필시 이러리라
항구의 뒷골목 카페트리아*에 든다

순간 착시현상의 필름이 지나고
미미한 조명 아래 라틴풍의 빠른 음악에
벌거벗은 관능미 만점의 에로틱한 여인이
불타는 입술과 함께 마치 파도를 타는 듯 율동미로
객석을 지배한다
혼줄을 빼앗긴 이국의 뱃놈들이
여기저기서 휘파람과 마구 고함으로 호응이다
무대가 객석이요 객석이 무대인 셈이다

조각 미녀가 건네는 술잔에
아름다운 치아로 속삭인다 "저와 즐기실래요?"
수밀도 같은 혀로 귓불을 간질이는 순간
감전되듯 이미 오르가즘이다
그 항구에서의 잠시의 꿈이었다
갈 길 먼 배가 대롱대롱 하늘에 매달려있는 밤
불과 몇 시간 전의 그 무희의 산山만한 엉덩이가
어슬렁어슬렁 배를 끌고 간다

* 카페트리아 : 술과 커피, 간단한 인스턴트식품을 제공하는 곳

만선

어창 가득 흘수선까지 금괴를 가득 실었다고 할까
배는 신나게 앞바람을 타고
무지개 파도 무리에 올라탄다
전장에서 승리한 맹장의 그 감격이 이랬을까
벅찬 만선으로 기쁨으로 먼저 달려가는 내 조국
총각 김 군은 약속한 놀리에게 단거리 선수처럼 달려가고
깍지 약속으로 언약한 지기지기* 하자던 그 맹세로
이미 공중에 붕 뜬 모습이다

금괴 가득 실은 마나마호*는
신나게 전속력으로 하역 부두로 향하고
배를 따라오는 갈매기떼의 울음은
마치 응원군 같아
선주는 찢어지는 웃음으로 한달음에 달려올 거야
쾌지나칭칭, 칭칭쾌지나-
얼마나 고대했던가 참으로 오랜만의 만선
모두들 파안대소로 뱃머리를 밀고 간다

오직 이 바다에 이 세상에
우리만 있는 착각 속에 만세 만만세다
오오 이렇게 좋을 수가
조타륜 실을 돌아보며 어서 가자며
엄지척하며 조국을 가리키는 멋지고 신나는 날

*지기지기 : 섹스(sex), 선원들의 세계 공통어
*마나마호 : 선장인 저자가 승선한 배

바다에서 명상과 고독을 앓다

먼 데 저 도심의 불빛은 스스로 하루를 고백하며
밤으로 한정없이 저물고 저물어서
암울한 생각도 고통도 결빙된
언어들을 해체하듯 마무리할까
나는 왜 이리도 이방인처럼 낯설고 불안한가
전혀 다른 혹성에서라도 온듯 조심스럽고 초조한가
이 순간에도 배들을 향해 점점이 모이는 파도들
배의 하체를 붙잡고 부력으로 일어서려 안간힘이다
정신의 고삐를 대양으로 옥죄며
선체의 회전을 면밀히 유도하는데
육지에서 따라온 불빛 몇 개 새로운 출항의 의미로
내 안에서 우주의 바다인 양 성령스러운데
왜 이리도 도수 높은 긴장감으로 우울한가
출렁출렁 배를 일으키는
스크루의 잘린 파도소리를 들으며
내일의 출항과 또 다른 도전을 위한
심해의 고요를 꿈꾸며
누군가의 시선 안에 입력된 나의 존재는 무엇인가
한시름을 건넌 울보같은 희망도
한 우울처럼 오늘의 바다에서 수장될 것인가
이 밤을 건너는 무수한 바다의 이야기들이
몽상가의 수다처럼 심해의 한바다로 나를 끌고 간다

무심의 바다

바다가 깔깔대며 웃는다
근처의 산들이 외마디 비명을 지른다
구름 위의 하늘이 이마에 닿을 듯 가까운 하루
기름기 보송보송한 윤기 도는 저 바다의 인물 좀 보소
어느덧 아주 전통적인 섬세한 우리가락에 맞춰
기분 좋게 흥얼거려 본다
우리 백의민족의 아리랑을 진양조 가락으로

사지가 꽁꽁 묶여서 도저히 자유로울 수 없는
그 바다만을 보며 간직하며 생각하며
한시라도 눈을 놓아서는 안되는 벽속에 갇혀
오로지 만선의 꿈을 혈관 속에 간직하며
나를 명령하며 끌고가는 피톨들의 아우성만 있을 뿐이다

번뜩이는 지혜 속에 동물적인 육감으로 오는 어장도를 보며
씨름하는 오늘도 허탕인가
맥을 놓고 있는 선원들이 마치 꿈속의 유체 동물처럼
바다로 바다로 흐르는 오후
결코 성내거나 겁박하거나 바다를 놀래켜서는 안되리
바다가 종일 헤엄치는 이곳에서
바다의 심장이 빠안히 바라다보이는 이곳에서
오늘도 수줍게 아주 수줍게 먼 수평선에 어리우는
토끼 모양의 조선반도를 신기루로 보다

바다 곤히 주무시다

오늘의 바다는 잔물결 하나 없는 수정의 거울이다
태초의 간결한 사유를 음미하듯
깊은 명상으로 한없이 인자해 보인다

모처럼 아프리카 수부들의 글방에 가보다
며칠 전에 내준 숙제 때문이다
식탁이 곧 글방엔 아라비아숫자 3을
마치 모자이크하듯 퍼즐 맞추듯
대가리를 꼰아박고 그나마 열심이다

몇 마디 충고를 주고 머리를 쥐어박고 싶었지만
누런 이빨을 드러내고 겸연쩍은 듯
휘죽휘죽 웃는 모습이 너무나 순진해 보여
그만두기로 한다
그나마 이것도 인연 아닌가

첫 생명은 필시 바다에서 탄생하였으리라
세상의 물이 다 모여 영원히 넘치지 않게 단속하며
지구가 멸망할 때까지 푸르게 푸르게 살라며
바다를 선사한 조물주에게 우선 감사한다

내일의 희망처럼
이 밤에도 낚시로 바다에 빠진 은하수들을 건져 올려야지

어느 날의 항해일지

아득한 먼 바다의 해도를 따라
나란히로 가는 어선들이 마치 유유히 노닐며
물타기를 즐기는 오월 하순쯤이라 하자
육대주 곳곳에서 모인
노랑둥이, 흰둥이, 깜둥이들의 건장한 뱃놈들이
멀리서 삿대질을 하며 알은 체를 하며 지나는구나
우선 반갑다 신세와 처지와 현재가 비슷한
돈 없는 불쌍한 우리들
암, 여기는 뱃놈들의 천국이지
손짓 발짓으로 들리지 않는 휘파람 흉내로
무운장구를 빌며 안녕을 빌며 서로들 멀어져가는구나

잘 가라 그리고 건강하게 만선으로
조국 땅을 밟고 그리운 혈육들을 만나서
서러운 뱃놈들의 신세타령도 내려놓고
모두를 뜨겁게 뜨겁게 사랑하거라
가도 가도 끝이 보이지 않은 이 망망대해서
내가 위치한 이곳을 신神은 알기나 할까

그리고 하오 한때 상판에서 알아듣지 못할
노래로 핏대를 새우며
허이연 이빨을 드러내는 검둥이 배들이 지난다
홀라당 몸을 까놓고 치부만 가린 채
노래와 춤으로 만고강산이다
또 다른 지구의 원시풍경을 지나다

어군을 만나다

사방은 고요하고 시간은 적요 속에 잠기는데
무엇인가 새로이 탄생할 것 같은 팽팽한 이 긴장감은–
한 옥타브 높은 기세로 바다의 물들을
한꺼번에 유린하는 수문이 열리고 드디어
모든 기관들을 작동하며 배들은 하나의 일체로 진군이다
노쇠해 가는 일부의 기관들이 앓는 소리를 내며
몇 항차의 무수한 피곤의 그늘을 지우며
의기양양하게 바다를 무찔러가는 불볕더위의 팔월 초입

물길이 제 몸을 헹구며 햇볕에 몸체가 거울처럼 반짝인다
몇 개의 수평선을 건너자 이윽고
언제나 배후에 숨어있는 바다와 함께하는
초자연의 물목을 만난다
벌써 물빛의 몸부림부터 다르다
무리지은 고기들의 뜀박질과 떼지은 갈매들이 점령한
선수와 뱃전은 이미 선원들로 초비상이다

하릴없는 기약의 환희를 이제야 볼 것인가
팽팽한 긴장감과 눈짓과 몸짓으로 교감하며
투망을 예비하는 선원들의 손이 더욱 빨라지고
해류를 관찰하며 물망을 읽는
나의 등은 벌써 땀투성이로 소금꽃이다
이제 놈들과 머나먼 수싸움이 시작될 일각
정신의 꼭짓점에 통렬히 나를 올려놓는다

제 3 부

황사, 함박눈으로 오다

이것은 마치 사선 앞에 선 퇴로 없는 전장이다
평생을 푸르게 푸르게 살라는데
연안 저 멀리 검은 아프리카의 신기루조차
느리게 느리게 걸음을 옮기는 지구의 오후
불면의 바람이 쓸어가는
이 바다의 적의는 어디서 오는가

황사, 함박눈으로 오다

아프리카 연안, 눈망울 튀어나오도록
예망중인 마나호는
똥을 갈기듯 통통통 신나게 배설 중이다
모처럼 고요로 사하라 연안은 잠잠한데
선체는 미세한 흙먼지로 온통 뽀얗다
그리도 멀고 깊고 넓은 그 바다의 면적을 어떻게 건넜을까
갑판 위 장화 발자국이 선명한 요철처럼
갈퀴를 세우며 튀어오르는데
아예 지킬 수 없는 도둑처럼
죽음의 가스처럼 잔인하게 곳곳에 스며드는
비처럼 꾸역꾸역 내리는 저 황사는
선원들은 여기저기 캑캑 가쁜 숨을 몰아쉬며
방향을 잃은 곤충처럼
한껏 키를 낮추며 기어다니느라 꼴불견이다
이것은 마치 사선 앞에 선 퇴로 없는 전장이다
평생을 푸르게 푸르게 살라는데
연안 저 멀리 검은 아프리카의 신기루조차
느리게 느리게 걸음을 옮기는 지구의 오후
불면의 바람이 쓸어가는
이 바다의 적의는 어디서 오는가
대책 없는 인간들의 뒷짐진 이 한숨을
누가 구원해 줄 것인가

지구의 멸망

수십 일을 항해해도 끝이 없는 바다를 보면
우선 무섭다
바다의 푸르고 검은 암청색의 시퍼런 눈眼들을 보며
이 바다가 한꺼번에 넘친다면 지구는 결코 멸망하리라
노아의 방주처럼 말이지
더럭 겁이 난다

언젠가는 지구의 멸망을
예언한 노스트라다무스도
지금의 이 광활한 바다에 선다면
또 다른 예언을 이끌고 냉혹하고도 잔인한
무시무시한
지구의 종말을 이야기할까

엉긴 여러 생각들이 부피를 늘이며
마치 정신을 부양하듯 엉겨
죽음의 환청으로 오는데
오오 나를 이끌고 가는 이 무섬증
언젠가 지구가 멸망하는 대재앙이 온다면
주범은 필시 바다이리라
분별없이 횡설수설하는 저 바다의 입이
그대 죽음의 최후를 예언하리라
참으로 무섭고도 겸손해지는 이 순간
내 마음 안에 오롯이 떠있는 아내의 얼굴이
천사의 환시로 용기를 북돋우다

오, 처음의 바다

태초에 하늘과 땅 바다는 하나였을까
뱃전이 나아가는 바다와 바다 속에
어리우는 하늘과
아득한 산들이 한 비경처럼
형형색색의 갖가지 모양과 형상으로
직선과 선분과 곡선의 유연한 몸부림으로 오는구나

그러다 순간 무시무시한 광란의 소름 돋는 광기로 오는
폭풍우와 뇌성벽력은 어쩌나
허나 그 안에서 다른 형체로 일어서는
온전한 삶의 신기는–
바다는 언제나 혁명가다 예측하지 못할
내일을 미리 이끌고 와서 오늘을 통렬히 부르짖다
온순한 하루를 마감하고 내일의
기특한 생명을 불어넣는 바다는
결코 쓰러지지 않는 제 홀로의 이름을 부르며
오늘도 온 천지를 견인하는 물구나무로 서는구나

오늘 이 하루 바다를 침노하는
모든 것들의 거룩한 길잡이가 되어
맹렬히 자기를 단련시키며
이 세상의 유일한 하나라며
용솟음치는 기백으로 무찔러가는
저 한바다의 자존심을 그대 한 기망冀望으로 듣는가

그리운 소리

보이는 것 움직이는 것 아무것도 없는 이 한바다
며칠을 가도 끝없는 항로 천지가 초록으로 아득한데
마젤란의 탐험도 코페르니쿠스의 지동설도
이리도 한가운 순간을 가졌을까
축소판 해도海圖에 점 하나를 요량해도
너무나 넉넉한 이 평안함의 안유
아아, 그러나 말이지
별난 바다와 모래가 씹히는 황사의 이 짠맛을 어쩌지
전신이 절여져 미이라로 한바다의 지킴이가 되는 것은 아닐까
철창 속 감옥의 깊은 고독처럼
존재와 현실을 뇌리에 오롯이 더욱 각인시키는 날
순간순간의 생각이 또 다른 나를 변신시키는구나
고국의 흙냄새 내 사랑하는 가족과 내새끼들…
즐겨 다니던 단골 술집의 희미한 불빛 아래 서빙을 하던
눈이 맑은 고 가시내의 새초롬하던 입담
한밤 늦게 귀가하며 누가 볼세라 달빛 아래 시원하게
몰래 방뇨하던 그 골목길은 잘 있을까
지금 들리는 것은 오직 기관의 엔진소리 파도의 잠자는 소리
물결에 치닫는 배 옆구리 소리
그 순간 마누라의 쟁쟁하던 잔소리도 오늘은
이리도 애매한 그리움이 되는구나
바다여, 오, 천千의 얼굴의 바다여
그 바다에서 오늘은 내가 우는구나

만선의 꿈

자나깨나 종일 먼 바다를 바라보아도
오직 만선의 꿈으로 하나로 가는 집중은
신기루로 노다지의 횡재로 탈바꿈하며
역광 뒤의 배경으로 오는 파도들의
푸른 야성과 어울린다

나를 지배하는 뇌리 안에
수없이 고국으로 고향으로 달려가던 생각들이
바다를 침노하는 모든 것들의 아우성이 되어
오직 만선의 꿈으로 마감되는
이놈은 오늘도 울음이 깊다

스스로를 달래고 타이르고 얼러도
내 안에 화인으로 남은 노다지의 횡재는
언제 올 것인가
오오, 해신海神이시여 이 꿈을 꼭 이루게 해주소서
시커먼 먹구름들과 엉겨 무시무시한 속도로
동東으로 서西로 횡단하고 있는 나의 기도는
언제쯤 이루어실 것인가

나의 안과 밖에서 침노하는 이 소원은
오늘도 하나의 집중으로
내 안에서 천만근의 압박으로 오다

평행선은 만나지 않는다

간밤에 뱃전을 뒤집을 듯 심한 롤링*으로
침대에서 굴러 떨어질까 봐
베개 몇 개로 얼기설기 벽을 쌓아
겨우 눈을 좀 붙였을까
헝클어진 머리칼로 브릿지에 오르니
아직도 미명인데 VHF가 요란한 비명이다
'그리스 배가 실종되었다고'
조난 해역을 눈알 빠지도록
쌍안경으로 훑어가는 순간에도
아침 햇살은 언제나 바다에 방긋 떠있는데
거북 등껍질에 매어달려 해저 깊숙이 수장된 잠수부
바다의 곳곳에 멋대로 침투한 산업쓰레기들
구원받지 못할 하나님의 한숨 사이로
산호 속의 물방울 방울의 입자들이
기화하는 이 순간에도
죽음을 담보하며 바다를 개척한
어부들의 눈물어린 통곡과 격정과 피땀들이
내면을 오직 깊이 잠들게 할뿐이다
언제나 승리자와 패배가가 다시 만나지 않듯이
공평한 자전과 공전만이 윤회론으로
지구와 바다의 바퀴를 돌릴 뿐이다

*롤링 : 좌우로 배가 심하게 흔들림

무인도

나는 혼자이다
저 파도의 온전한 배후도
이따금 구름과 조우하는 저 하늘도
우리를 바라보는 먼 섬들의 무리도 혼자다
곡선으로 유유히 넘어가는 저 노을도
쓰잘 데 없는 생각도 울분도 고독도
이 바다에서는 모두다 혼자라 더욱 서러운 것을

공중 높이 떠돌기를 하는 저 새들도
새각시처럼 얌전한 저 바다에 홀로 뜬 등대도
처음의 배 그 머나먼 항로로 얼마나 쓸쓸했을까
저마다 홀로인 것들은 간곡한 신비로
혹은 그늘진 우울처럼 스스로를 위장하며
처음의 이유처럼 운명처럼 산다

오늘도 볕드는 양지마다 수없이 각도를 달리하는 섬들
모든 것의 객기를 훈수하며
가뭇없이 해가 침몰하는 쪽으로 바다를 눕힌다

바다에서 고국을 명상하다

청록색의 깊은 바다에서 한 무리의
귀신고래들 울음소리를 듣는다
낯선 바닷길을 열어가는 무수한 행렬들
지느러미로 한껏 요동치며
거대한 바다를 끌고가는 저 육중한 몸체가
모처럼 고요를 꿈꾸는 심해와 앙상블을 이루는 오후
그리고 고래떼를 따라가는 갈매기들의 부상이
눈부신 역광과 함께 풍경으로 그림지다

모든 것은 어디에서 오고 또 어디로 가는가
일생을 대륙과 바다에서 이력을 쌓고
용케도 현재를 측량하며 안전을 가늠하며
저 새들의 부리에 펄럭이는 현란한 세계인의 만국기들

사는 길이 막막하고 희망 하나 곁에 없으면 바다로 가라
오늘도 썰물과 밀물지는 이 한바다를 공평하게
이끌고 가는 저 바다의 한없이 넓은 넉넉함을 좀 보아
평생을 푸르게 푸르게 살라는 저 바다의 고요와
정신의 윗자리에 서는 긴요한 이 고요는
내일의 면밀한 높고 깊은 한세상을 보고 있을까
가족들 피붙이가 한없이 그립다
이 밤도 어두워질 때까지 귀여운 내 새끼들
아빠의 눈물을 고백처럼 보고 있을까

파도

언제나 시간을 역류하며
먼 산 그리매를 맵시 있게 타고 오는 구름들처럼
가끔 바다의 고요를 먼저 읽고는 정중하게
하오의 바람들 곁으로
오오, 탄성같이 포말로 오는
저 물사위를 만경창파라고 그랬지
순간 이기적으로 일어서는 놈이 있을까 하면
단출하게 자신의 속내를 단속하며
날이 날마다 조용한 물무늬로
피안의 꽃으로 저무는 천千의 얼굴 바다는
새떼같이 두려움을 잃고 온종일 혼신의 힘으로
뭍으로 오르려다 숨결을 거둔다
24시의 저 운명같은 날이 더욱 낯설어
빗금친 울음으로 바다의 한이 되어
오늘도 끝없이 지구를 손짓하며 짝사랑으로 보내는
파도의 수신호는 언제쯤 또 다른 자연에의 귀결로
우주의 새로운 이름 하나로 부활할까
그 영겁의 세월을 모양과 색깔을 달리 하며
오늘도 피안으로 끝없이 달려 온전한 생명을 다하는
물의 꽃이여

조업 중

스크루는 뱃길 따라
사정없이 지친 파도의 뭇매를 맞는데
그린란드의 얼음산 하나 떠내려 왔을까
이렇게 수정 같은 이 바다는
며칠째 어구를 끌다보니 선원들의
단내 나는 입안에선
역겨운 오물 냄새가 난다
시퍼렇게 죽은 손등에
저승꽃이 아픈 수부들은
주낙도 양승기에 감겨 올라올 때마다
힘에 부쳐 죽을 맛이지만
그래도 일사분란하게
바다에 엉겨붙은 동료들과
한 몸이 되어 투승에
온몸이 벌써 소금꽃이다
그렇다 이 전쟁 같은 뱃놈의 하루도
만선만이 그대의 하루를 달래주리라
오로지 함박웃음만이
그대의 격한 시름을 달래주리라

밤바다

두 눈 부릅뜨고 어장도를 살펴봐도 용꿈을 꾸어도
승전보는 천리만리 이역이다
망망대해는 천만근의 무게로 움쩍도 않는데
칠흑같은 밤 하도 답답해 뱃전에 나온다
바다에 집중한 예리한 눈에
까막귀신처럼 빠른 물살을 타고 미치광이처럼
뱃전을 따라다니는 놈들이 있다

야광의 눈으로 밤의 멱살을 붙잡고 이놈들은
여유자작하게 한바다를 노닐고 있다
오오, 그윽한 달빛에 물 타기를 하는 돌고래 무리들
더러는 지느러미로 후려친 빠른 물살에
서로의 존재를 확인시키며
야무지게 규칙있게 일정한 리듬으로

칠흑의 어둠의 바다에 울컥울컥 내뱉는
저 암호 같은 수신호로 신나게 신나게
무한의 바다를 헤엄치며 규율을 지키는 행렬들
가히 눈부신 만화경의 군무다
내일은 어느 어장에서
이놈들과 또 숨바꼭질을 할까

그 거친 파도가

지상에서 가장 조용하고 낮은 소리로
세상과 어울리다
일각의 시각, 한꺼번에 박살내듯
쇠갈쿠리 같은 손으로 매섭게 할퀴고 쥐어박고
순식간에 천지를 유린하는 포악한 무리
밤을 새운 곤추선 바다가 말발굽처럼
사납게 파도 위를 달린다

아직은 만선의 꿈은 아득히 멀고
몸은 천근만근의 무게로 오는데
역전의 기회는 이미 아득한 생각 밖인데
수억 겁을 지켜온 그 흉노의 공격을
제어할 방법을 못 찾다니

이놈은 만선의 바다 길목에서 떠억 버티고 서서
피해 갈 수 없는 저 딴딴한 공격으로
미쳐서 발정난 공룡 같은 독기로 위협한들
우리가 건너야할 목표를 어쩌리
잠시 자유와 평화 그리고 유토피아를 잊는다 해도

어찌 너를 이기지 못하고 만선을 꿈꾸리
오, 만선의 횡재를 위해 불기둥처럼
쿵쾅거리는 이 심장을 일으켜
결코 너의 화火를 다스리리라

출항 앞 몇 미터

드디어 몇 시간 후 출항이다
육지의 행복과 꿈과 이상을
그대를 난도질하던 화난 고통도
한때 그대를 향한 우울도 잊어라
그리고 황홀한 가스나이의 옥문도 잊으라

우리는 생명을 담보한
그 광란의 바다와 미치광이 바람과
파충류 같은 잔인한 징글징글한 뭇생명들과
예고 없는 전장에서 살아나
하여 외로움과 고독으로 허기진 배를 달래야 하리
뱃놈도 한번 잘 살아야 하지 않겠나
소심한 양심과 거룩한 족보와 자존심도 내려놓거라
하지만 미리 유언은 남기지 마라

그 징그러운 파도 무리와 살肉이 익는 고온과
고독과 우울을 이겨내야 결코 우리가 사는 것을
오오, 만국기가 펄럭이는 조선의 별 볼일 없는 항구에서
출항의 뱃고동소리 기약 없는 미래를 담보한 채
불안과 겁먹은 가족들의 맥없는 환송 뒤로
×년 ×월 ×일 오대양을 향해 미끄러지다
뱃놈도 한번은 잘 살아야 하지 않겠는가
웅어리진 고백을 뒤로 P기*가 신나게 신나게 펄럭이는 출항 무렵

* P기 : 선박에서 출항을 알리는 알파벳 P에 해당하는 신호기

폭풍 이후 · 2

발정난 바다의 울음소리 잦아들면
짙은 운무 속에 녹초가 된
뒤집힌 배들의 잔해들이 널브러진 바다를 본다
고요의 바다는 미동하지 않고
하늘의 구름 몇 조각들 유유히 노니는데
바다는 진한 청록색으로 얌전하게 몸매를 다스리고 있다
다만 어제의 처절한 전장터를 보여주듯
여기저기 바람의 칼날에 날아간
피조물과 구조물들이 서로 엉겨
핏물 뚝뚝 흘리며 썰물처럼 빠져나가는 부유물들…
옆구리 터진 배의 한쪽에서
헝클어진 항로를 수정하듯
나침판 얼개들을 놓아보는데
모두들 핏발이 선 눈동자 안에 동강나고 있는 검은 물살들
앞뒤의 배를 견인하듯 따라오는 작은 어군들 사이로
시력이 미처 따라가지 못하는 곳에
초승달이 조각난 지구를 닮아있는 초저녁
간헐적으로 이기적으로 일어서는 파도들 사이로
아, 오늘은 어느 바다의 유언을 꼭 들어야 하나
반쯤 첫탕에 실패하고 둘째, 셋째 탕에 실패하고
반쯤 넋이 나가 혼잣소리로 욕을 해대는데
이 또한 멋적은 웃음은 웬 일일까

아프리카 연안

아프리카가 웃는다 실성한 춤춘다
너무 가난해서 더욱 무식해서 너무 못나서
내일을 미처 생각 못해서
검디검은 얼굴에 털북숭이와
누런 이빨로 천치처럼 웃는 그들이
서둘러 뱃사람을 반긴다
마치 외계인처럼 동화나라의 사람을 보듯
경계의 빛이 전혀 없는 유순한 얼굴로
발가벗은 몸 신발도 없는 땟자국의 아이들이
너도 나도 '달러', '달러', 손 벌리며 따라다닌다
주머니의 사탕이나 껌 과자부스러기를 건네주니
좋아라 연신 굽신거리며 절하며
캡틴, 캡틴, 킹하며 행렬을 이루며
가는 곳마다 북새통을 이루며 따라다닌다

세상에서 가장 편안한 얼굴의 그들이 천치 같은 웃음으로
빈민촌이 낯설고 풍경이 낯설고 문화가 낯설고
서로가 서로에게 낯선 것처럼
보기만 해도 웃는 저 자유와 평화 얼마나 아름다운가
태초의 처음의 인간처럼 아무런 욕심도 사심도 없이
경계를 풀고 꾸역꾸역 잘도 따라다닌다
모진 가난과 설움천지로 뱃놈이 된
우리 같은 잉여인간에게도
오늘날 같이 어디 환영 받았던 적이 있었던가
문득 눈시울 적시는 세네갈의 야자수 깊은 황토길

제 4 부

퇴로 없는 바다

태초의 아득한 비밀 병기처럼
산발한 귀신머리로 파도를 따라오는 저 광기는…
내일의 나를 다시 볼 수 있을까, 퇴로가 없는 절망의 순간
잠시 혼절하다 눈을 뜨는 사이
산만한 큰 파도가 바로 내 앞에 와 있다
순간 갈갈이 찢긴 죽음의 내 시체를 보며 혼절하다
퇴로 없는 바다

퇴로 없는 바다

한치 앞도 보이지 않는 캄캄한 미로를
굶주린 승냥이 먹이 찾듯 아수라장이다
한 무리의 기갈 세운 미치광이의 바람무리 쓸고 가자
모든 것은 박살나고 공중을 날고 난장판이다
중심을 고정시키느라 모야*는 바닥이 난 모양이다

만신창이가 된 바다가 기우뚱댄다
쓰나미가 올까 가슴을 쓸어내리는 사이
벽을 타고 오는 진동이 수상쩍다
천정에 매달린 십자가를 진 골고다언덕이
바람의 울음소리로 새벽 3시를 건넌다
소름 돋는 광기의 항로는 아직도 머나먼데
잠시 시커먼 바다를 내려다보니
회초리를 든 십자가가 우왕좌왕하며 정신을 깨운다
피, 피가 튀는 이 순간의 극복을 체크하는
하나님의 명령이시다

태초의 아득한 비밀 병기처럼
산발한 귀신머리로 파도를 따라오는 지 광기는
내일의 나를 다시 볼 수 있을까, 퇴로가 없는 절망의 순간
잠시 혼절하다 눈을 뜨는 사이
산만한 큰 파도가 바로 내 앞에 와 있다
순간 갈갈이 찢긴 죽음의 내 시체를 보며 혼절하다

* 모야 : 로프의 일본어

가족

먹방 같은 이 밤
아무것도 보이지 않는 이 칠흑의 밤에
별들의 문자로 오는 가족들의 안부를 본다
가까이서 멀리서 자신의 존재로 반짝이는
무수한 은하수와 성좌도
눈 감으면 신기루와 다시 오는
아득한 한 면밀의 불가사의한 희망처럼
부디 몸조심하고 건강하시라는 메시지로
온몸을 달구는 이 전율은 무운장구를 비는
내 가족들의 눈물의 텔레파시인가

온갖 악다구니로 서슬 푸른 배암의 독기로
뱃전의 뒤흔들던 악마 같은 바람의 휑한 눈도
오, 피붙이 살붙이 가족들의 온기를 생각하면
전신에 감전되는 이 대류 같은 복사의 온후함
마치 첫눈 내리듯 고요한 이 화평한 평정으로
내 안에 깃드는 자유 같은 유토피아여
밤바다에 꽂히는 무성한 유성들이
무운장구를 비는 가족들의 이름으로
나를 지키는 신神의 한 수인가
이 밤도 힘겨운 배를 끌고 가는구나

불안한 바다

왠지 불안하다
가슴을 압박해 오는 이 흉통은 왜이지
조타실에서 먼 바다를 보다가
하릴없이 갑판을 거닐어보다가
우왕좌왕하는 파도의 심장을 들여다보다가
잠시 빈마음의 무아가 되는 이 시각

이 바다에 얼마나 많은 억울하게 수장된
불귀의 영혼들이 뼈를 묻었겠나
또 얼마나 많은 식솔들의 한의 비명이 이 바다를 떠돌겠나
심해에서 통곡하는 고혼들의 깊은 한숨소리를 들으면
참으로 고통스럽다

현재의 중심을 보다가 낯선 바다의 얼굴을 읽다가
애써 불안한 마음을 감추며
선실에 들어가 몇년 지난 곰팡내 나는
고국의 신문이며 잡지를 뒤적거린다

그 안에 내 조국이 내 사랑스런 아내와 내 핏줄이
기도로 나를 지키며 오늘도 얼어붙은 긴장감으로
불멸의 밤을 새우리라
내 무궁한 희망 한아름도
지금 이 시각의 세월을 지키고 있을 이 하루도
왜 이리 불안할까

야간 연안 전투

완전 소등한 채 검은 바다는
도둑고양이 걸음으로 일직으로 나아간다
후릿줄은 낮은 포복의 자세로 그물을 끌고
팽팽한 긴장감으로 억류당한 레이다에
머리를 처박고 미세한 움직임도 잡아내는 야간전투
화등같은 눈으로 눈알이 빠지도록 한치
앞을 놓치지 않는 이 드센 갈망

어탐기의 낮은 회전소리가 북소리처럼 거슬리는
연안 깊숙한 도꾸다이* 조업은
언제 사하라의 폴리사리오*가 기관총을 갈겨댈지
아무도 모르는 공포 사이로 등골이 오싹한데
선장은 이미 도를 넘은 긴장에 잔뜩 웅크린 심장으로
이미 제정신이 아니다

두려움을 벗을까 그 지체된 꿈의 일각
쾅쾅 엔진소리 시시각각으로 가슴을 조여 오는데
어군 찾아 어디든 전쟁을 일으키는 날
오늘도 하얗게 불면의 밤을 새다

*도꾸다이 : 통제선을 넘은 월선 조업
*폴리사리오 : 서(西) 사하라의 반군단체

해상에서 여인을 맛하다

닻을 내린 명성호 위로
눈썹달이 전신을 맡긴 채 바다와 함께 흐른다
오늘은 고향생각으로 헝클어진 향수를
이 바다에서 멱감으리라
흐물대는 관능미로 미끄러지는
카누의 섬세한 미동을
달빛이 따르는 오밤중
현문으로 흥정된 상품들이 올려지고

여기저기 단련된 손들에 이끌려
숨바꼭질을 즐기며
소리를 파는 시장이 이어진다
별빛도 달빛도 실오라기가 되어
가장 아름다운 체위로 바다를 헤엄치며
곡선으로 닿는 밤을 지샌다
새아침이 열리기전
이별을 나누는 오늘은
탱글탱글한 물들이 일어서서 한바다를 점령하며
또다시 이 하루의 공감과 시나브로 지다

숙명, 그 바다를 사랑한 죄 · 1

좌우로 돌아눕길 수십 차례
상하上下를 비틀어 세우는
도무지 가늠할 수 없는 백파가
오늘도 서늘한 긴장의 인사를 나눈다
시도때도 없는 잔인한 노도의 횡포는
곧 바다의 야성이다

뱃놈 팔자로 사는 동안
평생을 놈과 옆구리를 두고
사랑해야 하는 비극적인 이 사랑

너와 나와 전생에 무슨 인연 있어
이리도 몹쓸 가슴앓이로 통증을 앓아야 하나
백파 끝에 상한 소금덩어리로
흡혈귀 되어 소름 돋는 깊은 밤

이제 모진 오늘의 고통도 잊고 잠들어
해저 저 밑바닥에 놓아둔 너의 심장을
칼끝으로 긁어 올리리라
이미 미쳐서 죽은 잠속의 꿈으로
이 한바다에서 내 아닌 나를 정중히 눕히다

가족사진

찢어진 두더지의 설운 눈망울로
간신히 기어나오는 거북등에
햇살에 서툰 몸짓으로 걸음걸인데
뱃놈 나서는 손자의 마음 먼저 읽고
아린 마음으로 돌아누운 할미의 상처난 마음
가족 모두 시리고 떫은 표정으로
서로 외면하며 차마 말 못해
하루를 지겹게 지새는데
심해에서 운명인양 전생의 업보이듯
수직으로 떨어지는 파도 마주하며
옹골차게 버티고 있는 뱃놈 오야붕 선장의 본능을
어느 누구가 이 설움 처량함을 알기나 할까
바다의 신神은 은근슬쩍 숨어서
내 신세타령을 듣고나 있을까
오직 침실의 머리 위에 걸어둔
그리움 같은 저 사진 한 장 오매불망 보고 또 보며
오늘도 웃다, 울다, 시건방을 떨다
귀항의 날짜 헤아리며 본전을 생각하며
종일 불안에서 헤매는
웬수 같은 이 뱃놈을 가족들은 얼마나 원망하리

태풍

스크루의 잔인한 살인으로 잘려나간
태평양의 물살들 순식간에 조각나고 물무늬 깊게
빠르게 몸매를 비틀며
또 다른 사나운 물살로 바다를 무찔러가는
저 끝없는 긴 행렬을 보라

검게 그을린 깊게 패인 주름살의 수부가
사나운 바람이 밤새 저승처럼 할퀴고 간
상갑판에 멍하니 넋이 나간 듯 서있다
일부의 돛대가 부러지고 넘어진 자리
만선의 깃발이 사정없이 찢겨간 자욱들 보며
처절한 울음으로 서있는 하오

오늘은 반쯤 넋이 나간 선원들과 함께
일부의 청소로 분주한 한나절을 보낸다
내일은 가까운 연안에서 수리를 해야지-
나또한 조타륜*에 머리를 처박고 귀앓이로 오는
광녀의 바다 위 그 날카로운 소리에
잠시 넋이 나가 무아경의 세계를 표류하다
예리한 단도에 심장을 할퀴운
무수한 해골들의 뼈를 보며
전신이 흥건한 땀으로 섬뜩한 밤을 새우다

*조타륜 : 배를 운전하는 손잡이

한바다가 되는 이유

보라 무엇이 문제인가
무엇이 곤혹스러운가
이 망망대해에서 상승과 하강을 반복하며
뼛속같이 밀물과 썰물로 오는 저 질서정연한 장엄함
이 세상에 구원하지 못할 용서는 없다 이 바다에 서면
넉살좋게 옛추억을 반추하며 일깨우는 파도소리며
세상과 어울린 모든 것들의 이유들이
우뚝우뚝 서는 물결로 어울리는 것을
이윽고 한차례 파도가 일어서고 수평선을 끌고 와
내 가슴에 안기는 저 피바다의 불노을을
전생의 그의 울분이었을까
조물주에게 누를 끼친 그의 족쇄였을까

그 바다에서 모든 것은 불에 탄다 타서
더욱 억척스런 파도로
한순간 죽음을 눕히다 신기루로 오로라로
오대양의 신비로 뿌리로 닿아 섬멸되는 것을
오늘도 먼 바다가 헤엄쳐와
노가나 같은 딴딴한 무징을 하고
일각의 시간 조물주의 한수로 부활하여
이 지구를 지키며 명령하는 것을
그 어떤 심술로 우리들의 생사를 시험할지
만선의 황금으로 횡재를 줄지 모를 그 바다가
내 이름 내 앞에서 그 어떤 이유로도 서성이는 하오쯤

끝없는 항행

바다는 오늘도 횡설수설하며 끝없는 행렬로 대오를 맞추며
일정한 균형으로 물꽃으로 피안에 닿는 감동을 보았남
혹은 바다의 통곡 같은 절규의 울음소리에
그대 귀를 세우며 바다의 미친 춤판을 보았남
천千의 얼굴 바다에서 요령껏 살궁리를 혹은 오늘을 사는
탁월한 고기떼들의 비상한 궁리를 일별해 보았남
만선으로 가는 항차에서 수많은 역경의 고비를 넘긴
그 처절한 바다와의 사투에서도 그대 소담한
별빛과 어울린 천상의 음악소리를 들어보았남

배를 따라가는 해가 느슨하게 졸며
선주와 뱃놈의 만선을 위한 절절한 기도와 은근슬쩍
현재의 조업 계산법을 그대 눈치챘는감

오오, 노다지여 횡재여 만선이여 겁나도록 기분 좋은 하루여
마누라의 허이연 궁둥이가 생각나는 하루여
모리셔스 해안 술집에서 위스키 잔을 연신 기울이며
달러 몇 장으로 허이연 허벅지를 보여주던
농익은 이국의 그녀가 생각나는감

해양을 정복하려는 자와
빼앗기지 않으려는 영원불변의
역사를 껴안고 있는 인간과 바다의 피 터지는 사투를 보았는감

태풍 후

말레이 해협과 필리핀 제도를 통과하는 A급 태풍에
꼬박 하루반의 세찬 비바람과의 사투에 지친 몰골과
귀신같이 헝클어진 머리칼 갈가리 찢긴 옷들 그리고
군데군데 상처난 살갗 사이로 핏물이 뚝뚝
떨어지는 것도 아랑곳없이
모두들 지옥에서 살아왔다는듯
서로를 부둥켜안고 살肉과 살을 부비며
눈물 콧물을 섞어 만세를 부르느라 법석이다

환호로 가득한 이 뱃전이 마치 외계인이 점령한
전장의 한마당같이 승리로 가득하다
차마 선원들에게 보일 수 없는 눈물을
외벽 사이로 몰래 돌아서서 피눈물을 쏟는다

그놈의 가난 때문에 죽음을 담보한 채
황천길에 나선 선원들이 너무 안쓰러워
오냐, 그렇지, 선장은 더욱 강인해야지
짐짓 입 앙다물고 달마상같이 화등같이 눈 부릅뜨며
두 손에 무쇠같은 주먹에 힘을 불끈 준다

첫탕 둘째 탕에 실패하고
이번의 살기 돋는 아비규환의 태풍 속을 이겨낸 선원들에게
일장 용기를 북돋우는 훈시를 한다
반쯤 넋이 나간 초췌한 몰골로 오늘은 두번 울다

꿈들의 이유

먼 항해는 꿈이다 밥이다 돈이다
온갖 소리들로 농짓거리가 되는 바닷새들의 울음과
한때 거부로 행세깨나 하다 망한 얘기며
살집 좋은 계집들과 노닐다 신세 조진 얘기가
안주거리가 되는 이 시각도
시도때도 없이 상승과 하강을 반복하며
억겁을 살았을 이 무한의 바다를 보면
한점 티끌 같은 얘기이리라

수평선을 열어가는 바다의 얼굴은 명암의 중심이다
마음 안에 내재된 꿈의 기적을 듣는
오늘의 지중해 바다는 모처럼 초록물감이다
파도는 제법 온후하게 얌전을 떨며 우리들을 반긴다
그동안 거친 파도에 얼마나 힘들었냐며 어루만져주듯
감미로운 봄향기처럼 바다의 속살이 더욱 수줍다

이윽고 선상의 불빛이 게슴츠레 흔들리는 쪽으로
그렁그렁 눈물로 오는 노스탤지어는
이 밤도 별미가 되는구나
밤새 달린 바다의 거친 몰골과 함께 따라온 행성은
이내 친구처럼 반짝 인사를 나누는데
다가올 내일을 위해 배후가 없는 바다는
초자연을 배경으로 또다시 사투를 벌일 준비로
허리춤을 단단히 묶는구나

귀한 데이트

끼이룩 끼룩 끼이룩 갈매기떼가
한바다를 한정없이 저어가며
대화를 나누자네
뱃길을 여는 물때따라 외롭고 고독한 눈빛으로
점 하나 찾을 수 없는 망망대해를
쉬어가는 바람조차도
가끔 무리지어 지나는 돌고래의 행렬도
파장이 지워진지 이미 오래인데
서로의 외로움과 연민을 들어주며
저희들끼리 밀담을 나누며
노을이 그림지는 섬들의 남태평양 연안 부근
대책없이 이 바다에서 꿈결로 오는
소리들의 화음 끼이룩 끼룩
가끔 무리들 안에서 보초를 서는 놈이 있는가 하면
배들 가까이로 겁없이 접근하며
누군가 엿들을까 조바심으로 오늘의 만리 해역을 난다
눈부신 태양 아래 바다의 역광을 받아
그 순하디순한 착한 눈빛을 나누며
한식경이나 따라오는 놈들이
운하 가까이 물길을 바로 세우는 파도들의
신호로 진로를 바꾼다
만나면 이별이 있듯이
내일은 또 다른 뱃전에서
낯설은 임자로 그리움을 달래는 그윽한 친구가 되리라

신神을 위한 기도

한판 승부를 보려는듯 점점 사나워지는 바람무리 속에
파도는 긴 바다를 줄여 오며
끊어질 듯한 원주율 안에 팽팽히 맞선다
살기 돋는 긴장에 무섭도록 오금이 저린데
기분 나쁜 불연속선의 끝자락이
배의 선수와 선미 사이에 집요하게 둥지를 튼다
모든 선원들은 겁에 질려 감전되듯 적요한데
한바다의 파도의 지느러미가 너풀거리는 순간
장대같이 비가 동이로 퍼붓는다

그리고 용오름의 먹구름이 쏜살같이 달려온다
모두들 이후의 생각들은 필름이 끊기고
이 통한의 시각을 살아날 궁리로
각자 도생의 위치에서 소리들을 죽인다
해신海神에게는 물리적인 작은 소리 하나
모두 부정이 되는 것을
결코 용왕님을 격노하게 해서는 안 된다
사선을 넘나드는 뱃사람들은
그 미신같은 영험함을 오롯이 믿는다
그렇지 초자연의 성자를 거룩하게 모시듯이 말이지

바다와 육지 사이

바다가 그리운 육지는 육지가 그리운 바다는
오늘도 서로를 허문다
언제나 경계 밖에서 불의의 일격으로
결코 죽지 않는 서로를 위하여
해골처럼 섬뜩하고 단단한 무장으로 강심장이 되는
육지와 바다는
서로의 열혈한 섬김으로 하나가 되는
자유천지를 생각하며
오랜만에 물결은 각시처럼 수줍다

오후쯤 때깔 고운 물때 속에 각시인형 하나가 뜬다
민속과 토속으로 어우러진 아프리카
중년의 여인상으로 치장한
하체가 맑은 인형 하나를 보며
우리는 추억속의 동화이야기처럼
몇 만리 떨어진 고국의 노스탤지어에 젖는다
늙은 수부 하나가 독백체로 킥킥대며 울먹이며
갑자기 그의 아내인 듯한 이름을 절규하듯
바다가 찢어지게 부른다

그립고 또 그립겠지-
갑자기 하나둘 울먹해지는 선원들을 뒤로
슬그머니 해도실에서 어장도를 금그어 보며
울컥하는 마음을 달래는 서아프리카 연안
오늘은 파도마저 고요로 울분을 달랜다

모리타니아 노아디브항구에서의 망중한

아프리카 연안의 어느 해 가을날

입항하여 정박 중에(조타기 앞에서의 어느날)

세네갈의 야자수 앞에서

회사 직원과 휴일날(1989. 6) 라스팔마스

라스팔마스 호텔 라운지 앞에서

세네갈에서 2차 대전 때의 녹슨 고정 전차포를 배경으로 회사 직원과 함께

항지의 우리 배 앞에서(1982. 9. 10)
모로코 아가딜 항구

제 5 부

이 시대의 황사바람

생을 거느린 자취와 흔적들
모두 어디로 갔을까
거룩하게 밤을 인내한 무수한 별자리들
어린 날의 기억들을 추억하며
또다시 자연의 이름으로
홀로 서는 이 아침

아직도 엄동

서슬 퍼런 칼바람의 혹한
아직도 이정표는 바람 밖에서 우는데
귀 떨어진 내 소리 호호 불며
온기를 마중해도
허방에서 발돋움하는 봄소식

능선과 지평을 건너는 칼바람 소리
서둘러 묻는 객기는
더욱 낯설어
광야에는 가끔
오장육부를 비운 맨몸의 나무들
푸른 별이 떨어진 동토에서 앓고 있는
대한 무렵

서로 온기를 나누는 까마귀 무리들
겨울을 앓고 있는
변방의 나무들을 위로하려
한없이 지평을 저어가는 아침 무렵

봄비

종일 봄비가 온다
사무치게 그립은 표정으로
새들 나무에서 자유로이 유희하는 춘삼월
나무와 숲들 서둘러 어둡고 긴 잠에서 깨어나
생기 돋는 잎들을 열어보이는데
먼 시야에서 끝없이
내리는 봄비

그대 먼 소식처럼
아직도 내 안에서
하나의 회상으로
답장을 주지 못한 밀어처럼
나를 서성이게 하는 이 하루
가까운 산과 들이 종일 비에 젖어
흐릿한 마을 입구에서 길손들이
그래도 오늘의 무대를 열며
입춘의 길에서 봄비로 서성이다

그해 여름

폭염의 용광로가 된 도심에서
오늘도 소금꽃이 피는
건설 현장에서 무뇌아가 된
힘겨운 노동의 사람들이
여름을 앓는다

사방엔 빛의 섬광들
숨소리 깊이 심장이 터지는
땡볕의 오후
얼룩진 생활에 생채기 깊은
가난의 아픔들을 위로하며
이 시각의 현재를 이기기 위해

아직도 중천의 땡볕을
원수같이 바라보며
40여년 만의 무더위와 씨름하는
소금꽃 피는 불더위의 노동의 현장
모두가 외계인 처럼 낯설다

저녁강

몸빛이 서늘한 낙조를 보며
한숨짓는 역광의 그늘 사이로
강은 수면 위로 거꾸로 물상들을 세우고
물파장의 부서진 잔영을 싣고
기특하게 밤물결로 저어갑니다

어제 오늘의 횡단을 오롯이 기억하며
하루를 부지런히 손질하며
더 나은 세상의 의미를 위해
강은 스스로를 깨우치며
기슭을 나무들을 손짓하며
자신의 존재를 알립니다

새들은 강가에서 돌아오지 못하는
시간들을 재잘대며
마을을 건너 이웃으로
강을 건너 산비알로 스며들고
머나먼 여정의 강은
아직도 비탈의 그늘에서
우울을 달래며 바람과 더불어
온 산의 가득한 어둠을 손질합니다

새출발

의심은 자기를 내어주고 무릎마저 꿇게 한다
억울한 징표처럼
내 생애의 단일한 생각들과
우여곡절 끝에도 결코 무너지지 않는 것
의심은 참으로 감옥이다
늘 주름진 생각처럼 혼돈의 중심에서
뼈아프게 후회하는
은밀한 고문이요 가학성이다

운명처럼 살면서도 늘 지난날을 원망하는 사람
뼈아픈 고백으로 시린 이 삼키는 사람
이제 함께 화해와 용서로 새로운 삶을 살기다
그러므로 우리는 이제 시작해야 한다
사소한 비탈을 건너는 일상처럼
모두가 하나가 되는 이익을 위하여
나를 먼저 내려놓고
이 아침의 푸르름의 하늘보기다

물

나뭇가지로 휘저어도
돌을 던져도
언제나 제 형상이 변하지 않는 물

해가 가고
세월이 가고
힘든 하루해가 흘러도
결코 변하지 않는 물
오늘도 물은 물에서 자란다

물은 물끼리 흩어지지 않기 위해
서로를 의지하며
더욱 굳게 섞이며 하나로 어울려

서로를 이끌며
기슭으로 도랑으로 새로운 빌미로 길을 내며
한치의 오차도 없이
세상을 점령해 가며
한 시대의 역사를 이룩하며 산다

노송 이야기

천길 낭떠러지의 벼랑길
천년을 홀로이한 노송 한 그루
아슬하게 세월을 짐지고 있다

오금이 저린 절벽길
온갖 풍상 벗하며
영겁을 지킨 나이테
오늘도 시공 저 멀리
하늘을 저어가는 구름 무리에
영혼을 빼앗기며
오로지 쓸쓸한 하루를 동무하며

그늘로 그늘로 옮겨지는
하루해를 붙잡고
수많은 가지로 어울린 몸매를 원처에 두고
더욱 낯설게 세월 깊이
오래 사는 법을 배우며
거룩한 노송 한 그루
오늘도 역사를 짐지고 산다

이 시대의 황사바람

물결이 구비구비 헤쳐간 밤 사이
물금 사이로 흐드러지게 피는 별꽃들
물무늬로 사위어가며 어디로 갔을까

오늘은 치사량의 황사를 마시고
죽어가는 꽃들의 비명을 들으며
날카로운 맹수의 소리로
이 한세상을 원망하며 포효하다
왼쪽으로 기울자 오른쪽 방향으로
중심을 이동하는 공해들도
이 세상의 자연을 황폐화하고
어디론가 무섭게 바람으로 달려갈 즈음
그간 무수한 곡절을 남기며 산화한
생生을 거느린 자취와 흔적들
모두들 어디로 갔을까

거룩하게 밤을 인내한 무수한 별자리들
어린 날의 기억들을 추억하며
또다시 자연의 이름으로
홀로 서는 이 아침

건널목

간밤의 저물지 않는 생각들을 가지고
아침을 나선다
밤이면 통곡하던 모든 비애와 상처들이
고통과 억울함이 교차하던 순간들이
일시 침묵으로 머물고

다시 건널목에 서면
오른손과 왼손으로 건넨 지문 사이
빨강 노랑 파랑의 색상이
오늘 이후의 시간을 지목하듯

행렬을 지나는 무수한 사람들의 눈과 함께
모두 신기루처럼
오늘을 닮아있다

눈사람

눈이 온다
온 세상 천지에 가득한 눈
한 사내가 강기슭을 무겁게 느릿하게
오버 깃을 세우며 걸어오네
여유로운 시간을 재며 눈부시게 오롯이 서는
겨울의 허름한 몸짓이 하얗게 부서지는 사내
생전에 못다한 연민을 가슴에 안은 듯
잃어버린 세월의 구원처럼
절벽같이 마주 오는 눈을 가슴에 안고
뚜벅뚜벅 걸어오는 사내의 등 뒤로
눈꽃이 된 나무들이 일제히 길을 내주네
저 순백의 눈 속에 전도되는
한 생애의 뿌리에서
지나간 흔적과 자취는 얼마일까
다시 한번 바람이 곧추서자
이내 눈 속에서 사내는 눈사람이 되어
나무와 함께 어깨동무로 있네

산림욕

기다림이다 그리움이다 사랑이다
우리들의 목록은 심장처럼 두근대고
그리고 언제나 불빛처럼 다정하다
오늘도 당신 안에 깃든 생각 하나에
생명의 언어처럼
종일 내 생각을 빼앗기며
그 환한 빛 속에 내가 감전되듯
그 시절의 추억 속을
잘 생긴 나무들과 함께 유정하게 걷는다

언제나 우리들을 부르던 길 하나와 함께
극한의 긴장을 멀리하고
하나의 행운처럼 따라오는 온전한 평화
푸르름의 낙화와 더불어
나무들의 키를 따라가면
아슴한 길섶에 큰키 나무들
물소리 바람소리 새소리 목숨처럼 간직하며
하나의 그리움이듯
한세상을 사는 것을

봄의 전쟁

남풍은 남으로 보고 웃었다
어서 모두들 함께 몰려와 꽃잎을 피우자고
우울한 계절을 물리치고
햇볕의 양지에 행복도 심고
한아름의 정분도 나누고
희망과 함께 어깨동무하자고
손짓 발짓으로
남풍은 남으로 보고 웃었다

아직도 망설이는 계절을 향해
무수히 각도가 어긋나는 곳에서도
저 홀로 기생하는 발아의 이상적인 꿈들을
이야기하며
열애의 고통도 한 비련도
묘약이 되는 봄봄
그해 봄은 남으로 보고 울었다 웃었다
긴요한 24시를

입구와 출구

하나의 소통을 가지는 입구와 출구
그 모든 것이 평행을 가져도
일견 비밀스럽고
단단한 자물쇠로 묶은
철천지원수 같아도
시간의 역류로
서로 닿은 육체의 미로

지금 이 시각에도 모든 것의 원인과 결과는
분별없는 생각들로 만원이지만

모든 것은 입구와 출구를 가진다
나누어서 더욱 편하고
서로의 미래의 편견을 지우며
지대한 관심으로
더욱 낯선 내일을 기리듯이
우리가 미처 느끼지 못하는 한 자유처럼

비

비, 비는 오는데
나는 오늘도 잉여시간마저 다 소진하고도
샛별처럼 뜨고 싶다

잠시의 환희도 놓아두고
현재의 근황도 버리며
곤혹한 과거도 회개하며
달아난 말귀마저도 잃어버린 날
비, 비는 한정없이 오는데

오늘도 살아 숨쉬는 사람들은
매일 자신을 간추리느라 분주하다
빼앗긴 언어들을 건지며
뒷심을 발휘한 결과 곁에서
무한창공을 나는 새들과
부지런히 수신호를 한다

오늘의 증언으로 기억 밖에서
새가 운다
비, 비는 이렇게 억수같이 오는데

그늘과 양지

그늘에서 그늘로 옮겨가는 순간은 수줍다
존재를 여물게 입 닫고
있는 듯 없는 듯 자기 주장을 말하지 않고
아직도 햇볕을 뵙기 어려운 시간
먼저 지키는 음지가 자신을 비워주며
서로를 배려하며
투명한 햇볕에 수줍게 여문다
빛의 한 곡선을 지나는 것을 보며

암울한 한동안의 소멸을 미리 보며
쇠잔한 기력으로 맥을 놓고 있는 사이
우리들의 실체는 조금씩 자리를 옮기며
지난 것을 잊고 현재를 투시하며
이 하루 반듯이 놓인 그늘은
서로를 배려하며
이 시각의 양지를
지금 어렵사리 통과 중이다

| 해 설 |

극한적 상황을 극복한 처절한 대단원의 해양시편

– 유기환 시인의 「한국해양문학상」 수상 시편을 중심으로

시인 崔東川

극한적 상황을 극복한 처절한 대단원의 해양시편

– 유기환 시인의 「한국해양문학상」 수상 시편을 중심으로 –

시인 崔東川

살며 살아가며 우리 인간이 겪는 여러 유형의 삶과 생활을 고찰하면 뜻과 이상을 중심으로 목적한 내용적 주지의 행복에 초점이 맞추어진다. 그러나 여러 가지 상황적 근거로 본의 아니게 자신에게 유리하게 접근성을 가지게 하는 여러 요소들과 타의에 의한 운명적 인생의 한 부분도 어쩌면 자신의 잊지 못할 뜻과 길이 될 수도 있겠다.

우리에게는 다소 생소한 초자연인 해양에서의 가공할만한 생명을 담보한 사투와 인고의 역량을 집대성한 이 해양시집은 삶과 인연의 관계에서 생성 혹은 소멸되고 복원되는 대단원의 시각적 긴밀한 요소들을 시의적절하게 접목시킨 긴장미를 눈여겨 볼 일이다. 더불어 기법이나 언어의 기교보다 앞선 당시의 시간과 극한적 현황의 몰입을 적나라하게 근거한 눈부신 내용미를 날카로운 맥점에서 유지시킨 시인의 시적 수사와 독창성과 인간애의 면모는 가히 눈부시다. 이제 그의 시를 일별해 보며 또 다른 자연과 재앙과 신神이 주신 인간의 무한한 능력을 탐구해 보자.

바다의 협곡을 지나면서 이미 폐선이 된 난파선을 본다
우선 모골이 송연해져 기도부터 한다
언제 어느 때 어떤 선원들이
이 한바다의 미치광이 파도와 폭풍우와 싸웠을까
마지막 배를 포기하며 퇴선 명령을 내릴 때
피를 토하던 선장의 목청이 지금도 바다에 떠다니듯
뱅뱅 도는 바다의 눈眼이 되어
시뻘건 핏빛 노을을 물고 있다
잠시 오가사와라제도를 지나며
오직 만선을 위해 목숨을 담보한 채
피의 사냥으로 태풍과 싸웠을
그들의 비참하고 처절하던 최후의 일순간에 목이 잠기며
이미 수장된 고혼들의 명복을 빌며 머리 숙여 기도한다

오, 그렇지 언제인가 낯선 항구를 지날 때
어느 해안에서 뱃길을 전송하며
불의 키스를 나누며 온몸을 뜨겁게 달구던
어느 혼혈 남녀가
이 시각 방정맞게 생각나는 것은
우연의 일치일까

원심력과 구심력이 일치하는
바다 안에서 이미 유령처럼 깃들고 있는
나를 보며 몸서리를 친다

―――「숙명, 그 바다를 사랑한 죄」 전문

표제어가 된 이 시는 한없이 깊은 대자연인 해양에서의 인간의 한계에 도전하는 불후의 정신적 뿌리의 극대화를 재조명한 시로 주지적 내용미의 수사와 묘사의 완연일체로 긴장감을 늦추지 않는 시적 기교가 참으로 역동적이다.

이 시는 주관적 객관적 요소의 메시지가 본질과 과정을 선명히 명징하면서도 상징성과 추상적 의미도 심화하고 있는 내용적 수사는 참으로 일품이다. 하나의 비가悲歌를 말할 때의 정서의 뒷받침과 고뇌와 시련을 이미지image화하여 보다 상징성을 부여함으로써 메신저 역할론으로 성공한 시로 보인다. 질식할 듯한 가공의 시각, 난파선의 일련의 최후의 모습과 그들을 위한 고혼들의 명복을 비는 순간, 어느 낯선 항구를 지날 때의 꿈과 이상과 미래를 유추하며 불의 키스를 나누던 혈통을 초월한 선원들의 사랑이야기를 오버랩한 것과, 그리고 이미 반쯤 넋이 나간 이 상황에서 배와 선원들의 목숨을 책임지고 있는 선장으로서의 의무감과 현실과 미래성이 삼위일체로 회자되고 있는 대단원인 마지막 연의 〈원심력과 구심력이 일치하는/ 바다 안에서 이미 유령처럼 깃들고 있는/ 나를 보며 몸서리를 친다〉는 시인의 탁월한 수사적 역량으로 참으로 빼어난 시이다.

불 꺼진 정박선 위로
이 시각 이 바다에서 이룩되는 천千의 얼굴과
알맞게 수다를 떨며 헤어진 바람 한 점 어디서 머물까
파랑의 물무늬들은 오늘의 자유를 반추하며
나의 소심한 기억속의 감싱을 자극하는네
펜다의 유별난 마찰음이 거슬려
저 멀리 짙은 구름 속 이윽고 눈물은 고백처럼 여물고
달빛 그늘 곁눈질하며 고국의 향수를 달래보는데

순간마다 안과 밖을 쉼없이 출렁이는 파도로

자꾸만 마음은 적요로 야심한 밤
암울한 생각도 고통도 결빙된 언어를 채집하듯
눈 감으면 천정에 매달린 각시인형이
먼저 찾아가는 고향집
캄캄한 정박선의 파도는 이리도 요요히 칭얼대는데
오늘 같은 마음 비좁은 날은
차라리 억울한 무섬증이 좋아라

오오 너무나 보고 싶은 내 각시
그리고 눈물로 오는 귀여운 내 새끼들
충혈된 낯선 이 바다의
아빠의 눈물을 보고 있을까

———「외로움과 동침」 전문

인간은 원초적으로 홀로 있는 외로움과 쓸쓸함, 그리고 고독을 표징하지만 어떤 깨달음과 명상의 세상보기와 가치관을 지니는 시간적 연대로서의 아주 긴요한 시간을 갖는다는 것에 감사해야 할 것이다. 그러므로 새로이 복원되고 앞서가는 미래와 새로운 분별력도 얻을 수 있기 때문이다. 이 시의 저변에 깔고 있는 노스탤지어는 인간 정서의 본성이다. 오직 만경창파뿐인 사람 하나 볼 수 없는 바다를 헤매이며 만선을 위한 일념의 정신력으로 버티지만 순간마다 다가오는 가족과 고향, 조국에 대한 가장 인간애적인 정감적인 미학으로 아우르는 일련의 시행들이 하나의 독백체monologue로 상황적 묘사를 극대화한 현실성을 정서적으로 연계시킨 시적 화자는 참으로 전통적인 한국적인 애향미까지 갖추고 있다. 공시적共時的 순간을 초월하여 시인의 관조적 의미와 감성적 서술을 자아로 환원시키는 데 초점을 맞춘 난이도 높은 특징성을 가지는 이분법으로 성공한 시로 보인다.

일망타진, 여기도 저기도 뱃노래로 흥청댄다
나침판에 서리는 무지개 같은 물보라
오, 노다지 노다지 꿈을 꾸었나
살을 꼬집어 본다 개구리점프를 해본다 정녕 꿈은 아니다
그물질을 올릴 때마다 만원인 고기들의 악다구니
윈치를 감아 더욱더 가슴을 압박하며 조여라
모두들 저 그물에 올라오는 돈 돈을 보아라
오오, 천지신명이시여! 감사합니다 눈물 콧물 범벅으로
온몸의 근육은 한껏 발기되어 터질 듯한데
배가 트위스트를 춘다
배의 가랑이를 끼고 휘적휘적
무지개 파도를 길어올린다 오오, 물의 꽃
햇볕의 꿈이 바다를 쓸고 간다 무엇이 무섭나
이 세상 모두를 살 수 있는 것을
저 돈이면 인물 기찬 가이나이 수많은 아랫도리나
개발지역의 눈먼 땅을 몽땅 사도 남으리
땡겨라, 땡겨라 눈부신 양망의 하체를
벌떼처럼 올라오는 저 고기떼들 좀 보아

———「오, 노다지여」 전문

이보다 더한 감정의 격렬함이 또 있을까, 저어할 수 없는 북받치는 기쁨과 흥분, 그리고 만족을 하나의 서사시적 마무리로 전환시킨 이 시는 회화적 요소와 의미적 요소로 대별되는 도치법 형태로 변환을 주어 역동적dynamic 의미까지 더하고 있다. 영탄법의 조합과 절규는 보다 초월적인 의식세계를 정감적인 미학까지 아우르는 특징성도 지니고 있다. 뱃사람들이 흔히 말하는 만선이란 이런 것인가.

어쩌면 듣기와 보기로 오는 어떤 교감에서 오는 모두의 합일이 영적인 계시를 추구하듯 전연의 조화로움이 보다 사려 깊고 내밀하게 표징되고 있다. 전연에 인간의 삶이 가족과 행복의 미학이 그리고 더할 나위없는 도전과 성취의 정신적 승리가 모두 함께 나열되어 빛나는 하모니로 서술되고 있는 것이다.

〈무지개 파도를 길어올린다 오오, 물의 꽃/ 햇볕의 꿈이 바다를 쓸고 간다 무엇이 무섭나/ 이 세상 모두를 살 수 있는 것을/ 저 돈이면 인물 기찬 가이나이 수많은 아랫도리나/ 개발지역의 눈먼 땅을 몽땅 사도 남으리/ 땡겨라, 땡겨라 눈부신 양망의 하체를/ 벌떼처럼 올라오는 저 고기떼들 좀 보아〉이 얼마나 진실성 있는 시인가. 현장감과 긴밀함이 전연을 이끌고 이 시는 참으로 가편이다.

나는 혼자이다
저 파도의 온전한 배후도
이따금 구름과 조우하는 저 하늘도
우리를 바라보는 먼 섬들의 무리도 혼자다
곡선으로 유유히 넘어가는 저 노을도
쓰잘 데 없는 생각도 울분도 고독도
이 바다에서는 모두다 혼자라 더욱 서러운 것을

공중 높이 떠돌기를 하는 저 새들도
새각시처럼 얌전한 저 바다에 홀로 뜬 등대도
처음의 배 그 머나먼 항로로 얼마나 쓸쓸했을까
저마다 홀로인 것들은 간곡한 신비로
혹은 그늘진 우울처럼 스스로를 위장하며
처음의 이유처럼 운명처럼 산다

오늘도 볕드는 양지마다 수없이 각도를 달리하는 섬들
모든 것의 객기를 훈수하며
가뭇없이 해가 침몰하는 쪽으로 바다를 눕힌다

———「무인도」 전문

자연적인 여러 구도적 관찰을 동기부여로 발현하는 여러 상황적 요소를 주체화시킨 무리 없는 수사와 적절한 시행의 배열로 바다를 매개체로 복원시킨 이 시는 결코 목적시가 아닌 개별적 상징성을 표징하면서도 심상적 근원이 되는 모티브motive를 이루는 과정이 자못 순수하고 진솔한 서정적 발아의 촉매제가 되고 있다. 즉, 바다와 무인도가 서로의 풍경으로 하나가 되는 배와 새들, 그리고 등대와 노을 등 초자연적인 모든 것들이 합일을 이루는 그곳에 하나의 희망적 재발견으로 서로의 목적의 근간으로 탈바꿈시킨 또 다른 자연의 암시성은 시너지synergy의 효과도 함께 거느리는 상징성을 우선하고 있다. 더구나 첫행에서 언급한 〈나는 혼자이다〉와 3행 〈우리를 바라는 먼 섬들의 무리도 혼자다〉 그리고 시행 중 2연의 〈처음의 배 그 머나먼 항로로 얼마나 쓸쓸했을까/ 저마다 홀로인 것들은 간곡한 신비로/ 혹은 그늘진 우울처럼 스스로를 위장하며〉에서의 섬이란 특수성을 고려한 탐미적 수사로 몰입하는 과정이 자못 눈부시다.

그리고 3연의 시행들은 외로움과 고독감 외에 태생적 근원에 대한 삶의 관조적 의미를 보다 표면화하고 있는 도가의 신앙적 독백에서 그 실존의 유물론에 대한 뿌리를 찾아가야 하는 과정을 회자하고 있어 시의 무게와 깊이를 더하고 있다.

먹방 같은 이 밤
아무것도 보이지 않는 이 칠흑의 밤에

별들의 문자로 오는 가족들의 안부를 본다
가까이서 멀리서 자신의 존재로 반짝이는
무수한 은하수와 성좌도
눈 감으면 신기루와 다시 오는
아득한 한 면밀의 불가사의한 희망처럼
부디 몸조심하고 건강하시라는 메시지로
온몸을 달구는 이 전율은 무운장구를 비는
내 가족들의 눈물의 텔레파시인가

온갖 악다구니로 서슬 푸른 배암의 독기로
뱃전의 뒤흔들던 악마 같은 바람의 휑한 눈도
오, 피붙이 살붙이 가족들의 온기를 생각하면
전신에 감전되는 이 대류 같은 복사의 온후함
마치 첫눈 내리듯 고요한 이 화평한 평정으로
내 안에 깃드는 자유 같은 유토피아여
밤바다에 꽂히는 무성한 유성들이
무운장구를 비는 가족들의 이름으로
나를 지키는 신神의 한 수인가
이 밤도 힘겨운 배를 끌고 가는구나

———「가족」 전문

전반부와 후반부로 나뉘는 이 시는 극히 평범한 시로 보이지만 가족이란 개념에서 오는 피붙이 살붙이의 한정없는 텔레파시와 한없이 넓고 깊고 먼 대양과 하늘을 일체화하여 의인법personification과 환유법metonymy으로 상생법을 극대화하고 있는 점이 가히 눈부시다. 서로의 그리움으로 지키는 정신의 요체를 시적 내용미의 주류를 이루는 자연의 〈별들의 문자로 오는 가족들의 안부를 본다/ 가까이서 멀리서 자신의 존재로 반짝이는/ 무수한 은하수와 성좌도/ 눈 감으면 신기루와 다시 오는/ 아득한 한 면밀의 불가사의한 희망처럼/ 부디 몸조심하고 건강하시라는 메시지로/ 온몸을 달구는 이 전율은 무운장구를 비는/ 내 가족들의 눈물의 텔레파시인가〉 그리고 후반부의 〈밤바다에 꽂히는 무성한 유성들이/ 무운장구를 비는 가족들의 이름으로/ 나를 지키는 신神의 한 수인가/ 이 밤도 힘겨운 배를 끌고 가는구나〉로 하나의 완연한 가족의 일체미를 승화시킨 이 시의 3연은 참으로 압권이다. 얼마나 숭고하고도 존귀한 시적 배열이며 절묘한 시적 타이밍의 극치미인가. 말할 수 없는 시련과 고통을 수반한 현재의 주어진 여건과 처절한 환경을 극복하며 보다 미래지향점인 진취적인 삶을 모색하려는 가족과의 해후를 긍정적인 면모로 승화시킨 이 시는 심리적 묘사 안에 잠재의식으로 남아있는 수만리 떨어진 가족과의 참사랑의 텔레파시를 주체화한 가작으로 평가하고 싶다.

바다가 그리운 육지는 육지가 그리운 바다는
오늘도 서로를 허문다
언제나 경계 밖에서 불의의 일격으로
결코 죽지 않는 서로를 위하여
해골처럼 섬뜩하고 단단한 무장으로 강심장이 되는
육지와 바다는
서로의 열혈한 섬김으로 하나가 되는
자유천지를 생각하며
오랜만에 물결은 각시처럼 수줍다

오후쯤 때깔 고운 물때 속에 각시인형 하나가 뜬다
민속과 토속으로 어우러진 아프리카
중년의 여인상으로 치장한
하체가 맑은 인형 하나를 보며

우리는 추억속의 동화이야기처럼
몇 만리 떨어진 고국의 노스탤지어에 젖는다
늙은 수부 하나가 독백체로 킥킥대며 울먹이며
갑자기 그의 아내인 듯한 이름을 절규하듯
바다가 찢어지게 부른다

그립고 또 그립겠지-
갑자기 하나둘 울먹해지는 선원들을 뒤로
슬그머니 해도실에서 어장도를 금그어 보며
울컥하는 마음을 달래는 서아프리카 연안
오늘은 파도마저 고요로 울분을 달랜다

———「바다와 육지 사이」 전문

바다와 육지는 영겁의 세월동안 생성과 소멸 그리고 뜻과 그리움의 원천이 되었다. 인류에게 공평한 먹거리로 자연과 삶의 환경으로 서로의 친화적 발전적 근거로 어느덧 우리의 영원한 역사를 공유하고 있는 것이다. 시적 맥락은 의미적 회화적 요소에 시각적 의미로 이미지화한 향토적 애향심의 발로를 근거하고 있다. 그 넓은 대양에서 지루한 시간에 바다에 뜬 아프리카의 토속적이고도 민속적인 전형적인 중년 여인상의 인형 하나를 만나면서 선원들의 지루하고 암울한 정서를 일시에 반전시키는 묘미를 조국과 가족과의 그리움 그리고 애향심을 매개체로 한 시이다.

직유시가 근간이 되고 있지만 동화적 산문체의 시어들이 점층법 형식으로 안정미를 추구하고 있다. 감상주의sentimentalism에서 환상fantasy을 가미한 대양에서의 발상이 시적 언어 순화에서 오는 선명한 이미지가 절절한 그리움으로 유화되고 있어 전연체를 감동적으로 이끌고 있는 시이다.

존재에 대한 탐미적인 성찰은 시인이 가지는 역량이라 생각할 때 해양을 근거한 시편들에서 이렇게 다양한 발상적 근거를 가질 수 있다는 것은 시인이 가지는 시적 탁월한 깊이와 높이의 결과물이라 생각된다.

서슬 퍼런 칼바람의 혹한
아직도 이정표는 바람 밖에서 우는데
귀 떨어진 내 소리 호호 불며
온기를 마중해도
허방에서 발돋움하는 봄소식

능선과 지평을 건너는 칼바람 소리
서둘러 묻는 객기는
더욱 낯설어
광야에는 가끔
오장육부를 비운 맨몸의 나무들
푸른 별이 떨어진 동토에서 앓고 있는
대한 무렵

서로 온기를 나누는 까마귀 무리들
겨울을 앓고 있는
변방의 나무들을 위로하려
한없이 지평을 저어가는 아침 무렵

———「아직도 엄동」 전문

허무감의 미학은 소멸을 전재한다. 존재의 의미를 내면에 유추하면서도 자연발생적인 일부 계절의 근거를 표출한 시어 통찰이 자못 눈부신 이 시는 아직도 춥고 어두운 혹한에서 봄을 기다리는 회화적 요소를 가미한 경직성과 삶의 외로움과 고독감의 근원적인 일상과 인식의 주조도 함께 가진다. 그것은 1연에서 표출된 〈서슬 퍼런 칼바람의 혹한/ 아직도 이정표는 바람 밖에서 우는데/ 귀 떨어진 내 소리 호호 불며/ 온기를 마중해도/ 허방에서 발돋움하는 봄소식〉 이상과 희망적 견해를 가지는 꿈을 "이정표"로 직시하고 기다림의 봄을 아직도 요원한 허방으로 대별시킴으로써 심오한 깊이와 긴장된 절제와 압축이 매개체가 된 시어들에 주목할 필요가 있겠다. 2연에서 언급한 〈오장육부를 비운 맨몸의 나무들/ 푸른 별이 떨어진 동토에서 앓고 있는/ 대한무렵〉에서 극한의 추위와 희망적 견해의 별을 동시에 언급하며 윤회론에 근거한 계절의 의미론적인 탐미적 수사로 몰입하는 희망적 견해를 그리고 3연에서 까마귀떼를 일시에 날려 보냄으로써 현재의 대리목표의 지향점을 간접 유화하는 수사와 묘사의 조율을 가지는 묘미도 함께 가지는 시이다.

하나의 소통을 가지는 입구와 출구
그 모든 것이 평행을 가져도
일견 비밀스럽고
단단한 자물쇠로 묶은
철천지원수 같아도
시간의 역류로
서로 닿은 육체의 미로

지금 이 시각에도 모든 것의 원인과 결과는
분별없는 생각들로 만원이지만

모든 것은 입구와 출구를 가진다
나누어서 더욱 편하고

서로의 미래의 편견을 지우며
지대한 관심으로
더욱 낯선 내일을 기리듯이
우리가 미처 느끼지 못하는 한 자유처럼

——「입구와 출구」 전문

예리한 관찰력과 지성이 갖는 휴머니즘이 지배하는 이미지가 심도 있게 유화되고 있는 이 시는 어쩌면 서로의 상극이요 절대적 대립관계로 반대편에서 평생 원수같이 상존하면서도 일면 소통을 가져야만 이 세상을 유지하는 서로의 긴밀성과 접근성, 그리고 친화력을 가져야만 이 세상을 함께할 수 있다는 이중성을 갖고 있다는 데 주목할 필요가 있다. 1연이 바로 그것이다. 〈일견 비밀스럽고/ 단단한 자물쇠로 묶은/ 철천지원수 같아도/ 시간의 역류로/ 서로 닿은 육체의 미로〉가 바로 이 시의 화두인 소통을 의미화하고 있는 것이다. 하나의 동기부여로 발현하는 양극성을 주체화시킨 이 시는 모든 사물의 주체성을 절대성 대신 상대성을 가진다는 잠언적 사실도 인지하라는 의미도 내포하고 있는 깊이의 시이다.

대칭되는 2개의 시어인 "입구"와 "출구"를 어쩌면 반어법 형식으로 이분법한 의태법의 동류의식을 표징한 시로 시인의 높고 깊은 안목을 평가하고 싶다. 독창성보다 필요불가결한 소통과 개연성probability에 무게를 둔 이 시는 현대를 살아가는 우리들에게 실용적 가치를 함께하는 유연한 상징성의 은유의 메시지도 함께 지니는 맥락의 시이다.

이 도서의 국립중앙도서관 출판예정도서목록(CIP)은 서지정보유통지원시스템 홈페이지(http://seoji.nl.go.kr)와 국가자료공동목록시스템(http://www.nl.go.kr/kolisnet)에서 이용하실 수 있습니다.(CIP제어번호: CIP2018035595)

유기환 시집

숙명, 그 바다를 사랑한 죄

인쇄일 | 2018년 11월 15일
발행일 | 2018년 11월 22일
지은이 | 유기환
펴낸이 | 최장락
펴낸곳 | 도서출판 푸름사
주　소 | 부산광역시 부산진구 부전로 35, 301호(부전동, 삼성빌딩)
전화 : (051)805-8002 팩스 : (051)805-8045
이메일 : doosoncomm@daum.net
출판등록 제329-2009-000010호

값 12,000원

ISBN 978-89-94839-23-3 03810